MÉMOIRE
À CONSULTER,
ET CONSULTATION

POUR la Dame ANNE-ROSE CABIBEL, veuve CALAS, & pour ses Enfans.

LA plus infortunée des épouses & des meres supplie des Conseils éclairés de guider ses démarches aux pieds du Trône. Une mort cruelle lui a ravi son fils aîné, un autre de ses fils, son mari, elle-même, pleurant tous trois sur son cadavre, ont été accusés d'être ses bourreaux : deux témoins nécessaires leur ont été enlevés ; & tandis qu'un échaffaut & un bucher ont puni comme parricide un pere qui prenoit ce titre même & le Ciel à témoin de son innocence, un Arrêt a absous tous les autres Coaccusés, dont le crime ou l'innocence étoient indivisibles. Voilà quels maux elle vient présenter à la Justice du meilleur des Rois, avant de perdre par la douleur une vie dont

A b

l'honneur feul foutient les reftes chancelans. Une main fecourable va tracer ici le tableau (*a*) de fes malheurs. Pourroit-on l'attendre d'une époufe & d'une mere ? Ses larmes intariffables en effaceroient tous les traits.

Jean Calas , Négociant à Touloufe , époufa en 1731 la demoifelle Cabibel , née à Londres de parens réfugiés. Elle tient à la nobleffe la plus diftinguée du Languedoc ; elle eft coufine iffué de germain du Marquis de M... & appartient de fort près à plufieurs Officiers qualifiés, dont nous n'affocierons point ici le nom à fes malheurs.

Un commerce de quarante ans entiers , conduit avec honneur ; une vie de foixante-huit ans , paffée dans l'exercice conftant des devoirs de citoyen , d'époux & de pere ; fix enfans donnés à l'Etat : voilà quels

(*a*) *Nota.* Dans une affaire de cette importance , il convient d'indiquer dans quelles fources on puife tous les faits expofés : on les puife, 1°. dans trois Mémoires de M. Sudre , Avocat au Parlement de Touloufe, imprimés à Touloufe avec nom d'Imprimeur. Le premier de 104 pages in-12, intitulé : *Mémoire* pour le fieur Jean Calas , Négociant de cette Ville ; dame Anne-Rofe Cabibel fon époufe , & le fieur Jean-Pierre Calas , un de leurs enfans. Le fecond, de 56 pages in-12, intitulé : *Suite* pour les fieurs & Demoifelles Calas. Le troifieme, de 8 pages in-12, intitulé : *Réflexions.* 2°. Dans un Ecrit imprimé , intitulé : *Obfervations* , en 72 pages in 12, figné, Duroux fils. 3°. Dans deux Mémoires pour le fieur Gaubert Lavayffe , co-Accufé , imprimés à Touloufe avec nom d'Imprimeur ; le premier de 52 pages in-12, le fecond de 36 pages in-12. Le premier par les fieurs Lavayffe , Avocats au Parlement de Touloufe, pere & frere de l'Accufé ; le fecond paroiffant compofé par l'Accufé même. 4°. Dans une *Déclaration* du fieur Louis Calas , fils catholique des fieur & dame Calas, imprimée en 7 pages in - 12. 5°. Dans deux Lettres imprimées de la dame Calas & de Donat fon fils , en 22 pages in 12 ; lefquelles Lettres ont été préfentées à M. le Chancelier & aux Perfonnes en place, par la dame Calas.

étoient ſes titres envers la Societé qui l'a vu périr ſur un échaffaut. Si ſa femme & lui étoient du nombre de ceux que nous appellons *nouveaux Réunis*, leur humanité & leurs vertus ſociales réclamoient pcur eux dans tous les cœurs. Leurs enfans éleves ſous leurs yeux dans l'union, l'obéiſſance & l'amour, promet-toient à la Patrie des citoyens laborieux & fideles, à leurs parens une vieilleſſe heureuſe & tranquille.

Marc-Antoine Calas, Bachelier en Drcit, l'aîné de tous, âgé en 1761 de vingt-hùit ans, avoit reçu de la nature une imagination ſombre & forte, un ca-raĉtere entreprenant & fier, un génie ardent & extrême, tantôt ſe roidiſſant contre les obſtacles, tantôt y cédant avec un lâche abattement, & ſe li-vrant aux accès d'une noire mélancolie & aux féro-ces idées du ſuicide. Les Tragédies les plus atroces, les morceaux de Plutarque, de Seneque, de Monta-gne, ſur la libre deſtruĉtion de notre être, le fameux Monologue d'Hamlet, Sidney, ſes leĉtures & ſes dé-clamations favorites, nourriſſoient dans cette ame, la haine de la vie, & la fauſſe grandeur de la mépriſer.

Invinciblement attaché par ſon indépendance même à une Religion qui le rendoit Juge de ſa propre croyan-ce, il ſe trouvoit aux Aſſemblées du Déſert, aux Aĉtes de Baptême, aux Inhumations Proteſtantes, à toutes les cérémonies qui pouvoient prouver ſon zele. Le défaut d'un Certificat de Catholicité, néceſſaire pour la li-cence, & qu'il n'eût jamais voulu devoir à aucun aĉte incompatible avec ſa croyance, l'arrètoit dans ſa car-riere. Son pere n'avoit pu lui en ouvrir une autre, obligé lui-même par la dureté des tems de ſe reſſerrer, loin de pouvoir l'affocier avec lui. Repouffé du Barreau, écarté du Commerce, fans état, fans reffources, fans efpérances pour l'avenir, réduit à être garçon de comptoir chez fon pere, tandis que tous les jeunes gens de fon âge étoient avantageufement placés, il étoit en proie à cet ennui d'exifter, le plus cruel de tous les maux. Il annoncoit à un ami intime (*a*), un mois avant fa mort, qu'il vouloit s'aller faire recevoir Miniftre à Geneve, & venir enfuite expirer fur un échaffaut en prêchant les Religionnaires du Royaume.

Du refte, bien fait de fa perfonne, robufte, adroit à tous les exercices du corps, Marc-Antoine excelloit à celui des armes & aux jeux de paulme & de billard, dont le fecours néceffaire à fes peines, étoit devenu une paffion dans cette ame toujours extrême. Il alloit tous les jours, avant ou après fouper, à un billard voifin de fa maifon, rifquer ou perdre fon foible pécule, fe réduifant ainfi à des expédiens honteux, & s'expofant aux juftes réprimandes d'un pere chargé de fix enfans.

Louis Calas, le troifieme fils, plus paifible & plus doux, avoit été tourné de bonne-heure vers la Religion Catholique. Il le devoit aux foins d'une ancienne Servante * qui l'avoit vû naître, & qui avoit jetté en lui les premieres femences de ce changement. M. de la Mothe, Confeiller au Parlement de Touloufe, s'étant chargé d'en prévenir fon pere, celui-ci répondit

* On en parlera ci-après.

____

(*a*) Me Chalier, Avocat au Parlement de Touloufe, qui a indiqué un autre Témoin oculaire & auriculaire de ce fait, qu'on auroit dû faire entendre. Me Chalier lui répondit : « mon cher, c'eft un mauvais métier qu'un métier qui mene à la potence ».

que « pourvu que la conversion de son fils fût sincere, » il ne pouvoit la desapprouver, parce que de géner » les consciences ne servoit qu'à faire des hypocrites » qui n'avoient aucune religion ». Il fit en même tems remettre les hardes & effets de son fils avec une somme d'argent; concerta de son plein gré avec M. l'Archevêque de Toulouse & M. le Procureur Général la dépense de l'apprentissage de son fils dans une maison de commerce à Toulouse; lui fixa une pension de 400 liv. de concert avec M. Borel, Capitoul, & l'embrassant tendrement chez cet ami commun, « con- » tinuez, lui dit-il, mon fils, à vous bien conduire, » & vous serez content de moi ».

Louis Donat, quatrieme fils, étoit dans une maison de commerce à Nismes. Jean-Pierre, Anne-Rose & Anne, autres enfans, vivoient avec leurs parens.

Une seule servante suffisoit à cette famille modeste. Catholique, zelée & d'une piété édifiante, elle approchoit du Sacrement de Pénitence une fois la semaine, de la sainte Table deux fois, elle avoit communié trois jours avant le jour funeste du 13 Octobre. Servant depuis 30 ans dans la maison, elle se regardoit comme une seconde mere des six enfans qu'elle avoit vu naître; & quoiqu'elle eût converti Louis, ses parens ne l'en avoient pas cru moins digne de leur continuer ses fideles services.

A l'égard des pere & mere, ils sont assez peints par cette description de l'intérieur de leur famille. Des parens qui consentoient au Catholicisme d'un de leurs enfans, qui continuoient d'aimer & de garder une Domestique dont les insinuations avoient changé sa croyance , qui permettoient que leur aîné entrât dans une profeſſion ouverte aux ſeuls Catholiques, n'avoient pas ſans doute cet enthouſiaſme féroce , qui étouffe la voix du ſang & le cri de la nature ; auſſi tout le monde convient qu'ils s'attachoient ſur-tout à inſpirer à leurs enfans l'amour de leurs ſemblables , & la pratique des vertus morales , laiſſant à un Dieu bienfaiſant & juſte le ſoin de départir ſes dons & ſes lumieres.

Un événement affreux a troublé la paix de cette famille vertueuſe , en a diſperſé les membres, en a fait périr le chef dans de cruels ſupplices , a porté l'horreur & l'alarme dans une de nos Provinces

Le 12 Oct. 1761 au ſoir, arrive à Toulouſe , rappellé après 13 mois & demi d'abſence, François-Alexandre Gaubert de la Vayſſe, âgé de 20 ans, fils d'un célebre Avocat de Toulouſe , qui l'avoit placé à Bordeaux dans une maiſon de commerce. Tout annonce dans ce jeune homme l'honnêteté , la candeur , la vertu. Des certificats (a) honorables rendent un témoignage unanime du ſuccès de ſes premieres études , de ſon application aux travaux de ſon état , de ſa ſageſſe , & de ſes mœurs. Sa ſeule phyſionomie , ce témoignage heureux de la nature , en dit encore davantage.

(a) *Voyez* dans ſon Mémoire les certificats des Supérieurs de la Maiſon Religieuſe dans laquelle il a fait ſes études à Toulouſe , des Négocians de Bordeaux, chez qui il a demeuré ; des Correſpondans & voiſins Catholiques de ces Négocians ; de ſes Profeſſeurs de Mathématiques & de Langues ; du ſieur Abbé Godin, Prêtre reſpectable honoré de la confiance du Gouverneur de la Province , & qui s'étoit chargé d'avoir l'œil ſur le jeune homme ; du ſieur Parouti, Chanoine & Docteur en Théologie ; enfin du Curé de la paroiſſe S. Pierre , ſur laquelle il avoit demeuré pendant tout le tems de ſon ſéjour à Bordeaux.

Arrivé à Touloufe, il trouve fon pere parti pour Caraman fa campagne, foupe & couche chez le fieur Cazeing, & fe propofe d'aller le 13 à Caraman, fi la pluie qui a tombé toute la nuit le lui permet. Elle ceffe vers le midi; il court inutilement chez tous les loueurs de chevaux. Son malheur le fait paffer dans la grande rue * où il apperçoit dans la boutique du fieur Calas des perfonnes de Caraman, qui achetoient des indiennes. L'empreffement d'apprendre des nouvelles de fa famille le porte vers elles, ils concertent leur départ pour le lendemain, s'il peut trouver un cheval.

Le fieur Calas pere, fes deux fils Marc-Antoine & Pierre, anciens amis du jeune la Vayffe, l'embraffent, l'invitent à fouper. Le jeune homme s'en défend; on le preffe. Pierre Calas lui offre d'aller chercher des chevaux avec lui. Cette offre le décide, il accepte; les deux jeunes gens fortent, parcourent la Ville, n'en trouvent point, avertiffent le fieur Cazeing de ne point attendre fon ami à fouper, & rentrent fur les fept heures du foir.

Ce même foir le fieur Calas pere avoit invité à fouper un de fes voifins qui fe trouvoit dans fa boutique, & qui ne put accepter. Il lui fit part qu'il devoit aller chercher le lendemain fes filles chez le fieur Tiffier; que *fa jeuneffe* (ce furent les termes de ce bon pere), feroit de la partie; il l'invita à partager cette fête de famille, & à venir avec eux.

Par malheur dans ce même tems, il envoya Marc-Antoine chercher des louis pour des écus. Marc-Antoine en ramaffe un certain nombre; & au lieu de les

rapporter à fon pere, il va jouer dans le billard voifin, où il eft conftant qu'il paya au Marqueur les frais
de quelques parties.

Perdit-il ces louis d'or, ou des voleurs attirés par
la montre imprudente qu'il en fit, fe gliſſerent ils
dans la maifon de fon pere pour les lui arracher ?
C'eft ce qu'on ignore. Un fait certain eft que cet or
ne s'eft point retrouvé : un fait certain encore eft qu'a-
vant le fouper, il fut extrémement fombre & accablé,
enfoncé dans un fauteuil, le front appuyé fur une de
fes mains, le vifage pâle, les yeux agités, & dans un
état qui auroit alarmé fes parens, s'ils n'euffent pas été
accoutumés à ce trifte fpectacle.

Sur les fept heures on fe met à table. Marc-Antoine
mange peu, fe leve avant la fin du fouper, paffe un
moment à la cuifine qui joint, au premier, la falle à man-
ger. *Aveʒ-vous froid, Monfieur l'aîné*, lui dit la Servante ? *chauffeʒ - vous. Non, je brûle*, répond ce fu-
rieux, & il defcend.

Le fouper fini, on rentre dans la piece voifine ; la
converfation fe continue entre le pere, la mere & le
jeune Etranger, Calas fils s'étant endormi dans un
fauteuil. Sur les neuf heures & demie la Vayffe prend
congé, on éveille Calas, il éclaire fon ami, ils defcen-
dent ; & Calas voulant voir fi fon frere eft rentré du
billard (où il le fuppofoit), s'arrête à la porte de la
boutique attenant le magafin où il couchoit.

Il l'ouvre. Quel fpectacle d'épouvante & d'horreur !
Ils voyent Marc - Antoine fufpendu entre les deux
battans de la porte du magafin à la boutique. Leurs
cris font defcendre le pere ; il accourt, il frémit &
recule

recule à cette vûe ; la mere veut fuivre fes pas ; le jeune la Vayffe court au-devant d'elle & l'arrête ; les cris
de la douleur & de l'effroi percent les murs ; le pere
étend fon fils fur le plancher, & veut le rappeller à la
vie ; la malheureufe mere s'élance , defcend vers le
cadavre & le ferre dans fes bras; le peuple s'attroupe,
& la maifon eft environnée.

Cependant Gorce, garçon Chirurgien, mandé par la
famille au défaut de fon maitre, arrive , & trouve le cadavre froid , & fa bouche fe refermant *comme par reffort.*
Les Srs David & la Brive, Capitouls, le Sr Monnier
leur Affeffeur fe tranfportent fur le lieu, appellés par les
parens pour obtenir la permiffion d'inhumer, que les
Proteftans doivent tenir du Magiftrat. La Vayffe ,
qui étoit allé chercher ce dernier, rentre & fait pref-
que violence à la Garde qui vouloit l'empêcher d'entrer dans la maifon. Les fieurs Cazeing & Clauffade ,
un Médecin , deux Chirurgiens voyent le cadavre, &
ce cadavre paroît froid à tous, en même temps qu'ils
voyent fes cheveux nullement dérangés , fon linge
nullement déchiré, ni même en défordre, fon habit
proprement plié fur le comptoir, nulle contufion fur
fa peau; tous indices d'une mort qu'aucun combat n'a-
voit précédée.

De-là on fe crut, comme dans un cas d'accident
ordinaire, difpenfé de fuivre les formes de la Loi; on
ne vifita ni les livres & papiers du défunt, ni la maifon; on ne dreffa point, *fur le champ & fans déplacer,*
procès-verbal de l'état du cadavre, du *lieu* où il avoit
été trouvé, *& de tout ce qui pouvoit fervir pour la dé-*

B b

* Ordonnance de 1670, tit. 4. art. premier.

charge ou la conviction, comme la Loi l'ordonne * ; omiſſions qui auroient été autant de prévarications honteuſes, ſi l'on eût cru alors qu'il y avoit un crime & des coupables.

Mais au moment même où les Officiers alloient laiſſer les malheureux parens livrés à leur douleur, tout-à-coup du milieu de la populace attroupée, une voix fanatique s'écrie que Marc - Antoine devoit abjurer. Une autre fixe hardiment l'abjuration au lendemain même. Une troiſieme aſſure que la Religion Proteſtante autoriſe l'aſſaſſinat des enfans qui veulent changer ; & des voix de ces miſérables ſe forme à l'inſtant cette rumeur : ils pourroient bien avoir aſſaſſiné leurs fils, ils l'ont aſſaſſiné.

Le ſieur David, Capitoul, donnant trop légérement croyance à une clameur dont il falloit arrêter l'auteur, veut conduire la famille à l'Hôtel - de - ville. Le ſieur Brive, ſon Collegue, s'y oppoſe en vain, en lui repréſentant l'abſurdité & l'horreur d'un ſoupçon que perſonne n'oſe avouer parmi ceux même qui l'ont répandu. « Je prends tout ſur mon compte, dit-il, » qu'on les emmene ». Au même inſtant il monte dans la chambre où les pere & mere accablés, immobiles, confondoient leur douleur avec celle de leur jeune fils, du jeune la Vayſſe, & de la ſervante, raſſemblés près d'eux ; les fait conduire à l'Hôtel-de-ville, ainſi que le ſieur Cazeing; y fait tranſporter le cadavre. Que ne ſuivoit-il du moins alors les formes tracées par la Loi ? Que ne dreſſoit-il, *ſur le champ & ſans déplacer,* ce Procès-verbal ſi néceſſaire, qu'on leur devoit *à décharge comme à conviction ?*

Se voyant conduits à l'Hôtel-de-ville, ils croyent qu'on veut leur demander avec plus de tranquillité des éclairciffemens fur ce trifte événement, ainfi qu'au fieur Cazeing, qu'au fieur la Vayffe qu'ils y voyent conduire avec eux. Ils s'attendent tellement à rentrer fur-le-champ dans leur maifon (& cette obfervation eft précieufe pour l'innocence), que le jeune Calas laiffe dans l'allée une lumiere pour éclairer le retour.

On leur demande à l'Hôtel-de-ville comment Marc-Antoine eft mort, ils répondent, ainfi qu'ils en étoient convenus, pour écarter l'idée du fuicide & les con-damnations infamantes qui le fuivent), qu'ils ont trouvé le corps étendu par terre.

Mais bientôt des cachots leur apprennent qu'ils font accufés d'un parricide. D'un parricide ! & nul té-moin n'ofe fe préfenter contr'eux pour accufer la na-ture !

Nulle feinte alors. L'amour de la vérité, plus que celui de la vie, les rend unanimes fans concert. In-terrogés juridiquement fous la foi du ferment, ils répondent tous féparément & fans s'être communi-qués, fans même l'avoir pû depuis l'inftant de leur détention, que Marc-Antoine a été trouvé pendu à un billot * portant fur les deux battans de la porte du magafin à la boutique.

Mais cette rumeur horrible, qui avoit occafion-né leur détention, les conduit rapidement à leur per-te. Ce Capitoul, *qui avoit pris tout fur fon compte*, trouve dans les mouvemens d'une populace ameutée

* On appelle *billot* un bâton long & cylin-drique, de chê-ne ou de buis, en forme de cylindre applati par un bout, & fervant à emballer en ferrant les cor-des.

* B ij

une forte d'excuse contre les reproches de précipitation & d'imprudence. Les gens fensés réfiftoient à ces bruits abominables. Voici par quels événemens raffemblés les efprits font foulevés, & donnent peu à-peu à cette affreufe rumeur une force que lui refufoient la raifon & la nature.

Le jeune la Vayffe & la fervante, témoins néceffaires, s'ils n'étoient pas coupables, appartenoient aux pere, mere, & fils accufés. On les accufe auffi, on les emprifonne de l'ordre du *Chef du Confifoire* * ; on les décrete enfuite, & l'on ravit aux Accufés la précieufe reffource de leur témoignage.

Le lieu, l'état du cadavre, devoient être conftatés *fur-le-champ & fans déplacer.* On dreffe à l'Hôtel-de-ville une efpece de verbal qu'on date de la maifon de Calas, date contre laquelle il y a une Requête en infcription de faux.

Le Médecins & les Chirurgiens appellés d'abord, font un rapport de mémoire, & le dreffent dans leurs maifons, encore contre la difpofition de l'Ordonnance.

Les Accufés avoient déclaré que Marc-Antoine avoit foupé avec eux, fait affez indifférent, dès que le jeune Lavayffe foutenoit l'avoir vû vivant le foir même au moment du fouper, & en même tems n'avoir pas quitté d'un feul inftant le pere, la mere & le frere. Au lieu de donner à des Médecins le foin de differter fur les regles phyfiques de la digeftion, on fait venir un Chirurgien (*a*) ignorant, auquel Pierre Calas avoit

(*a*) Le Chirurgien la Marque, en décidant que Marc-Antoine n'avoit pris

obfervé un jour dans un rapport qu'il prenoit l'œil droit
pour l'œil gauche ; cet homme décide que les alimens qu'il trouve dans l'eftomach devoient avoir été
pris depuis trois ou quatre heures lorfque Marc Antoine Calas étoit mort , & qu'il reffembloient par leur
couleur grifâtre à du bœuf. On livre ce rapport à la
multitude, qui le faifit avidement, & l'on répand dans
toute la Ville « les regles phyfiques de la digeftion s'op-
» pofent à ce que Marc Antoine ait foupé , donc fes
» parens ont fauffement déclaré qu'il a foupé avec
» eux, donc ils l'ont affaffiné ». Horrible conféquence
qui humilie notre raifon & qui change en autant de
bourreaux du malheureux Calas des Concitoyens honnêtes qu'on a vûs enfuite donner des larmes à fon fupplice !

Deux faits plus graves encore fuivirent ces premiers , & préparerent la condamnation. Il eft de regle
& d'équité naturelle qu'un monitoire qui s'accorde
pour découvrir fi un crime a été commis , ne préfuppofe point l'exiftence de ce crime, ou que s'accordant
feulement pour découvrir lequel de plufieurs crimes a
été commis, il n'en préfuppofe pas un plûtôt qu'un au-

des alimens que 3 ou 4 heures avant fa mort , & que ces alimens devoient
être du bœuf, prouvoit clairement fon ignorance ; car ces alimens ne
pouvoient être ceux du dîner, puifque la famille dînoit à midi & demi au
plûtard : ce ne pouvoient être non-plus ceux du goûter, foit parce qu'on
ne mange pas de viande à ce leger repas, foit parce que le tems du goûter
& l'intervalle de l'heure du goûter à celle du fouper avoient été employés
à recevoir le jeune Lavayffe , à aller chercher de l'or pour des écus , &
à jouer au billard immédiatement avant fouper : ce devoient donc être les
alimens du fouper, & effectivement Marc Antoine avoit mangé un quar-
tier de pigeon, *viande d'une couleur grifâtre* , & deux grappes de raifin. Or
ce Chirurgien a trouvé , fuivant fon rapport , une peau qu'il a cru être
de volaille , & des enveloppes de raifin.

tre. Ces principes qui affurent l'honneur & la vie des Citoyens, ne furent point obfervés à l'égard de ces infortunés, que tout entraînoit à la mort.

On publia un Monitoire tel, qu'il étoit impoffible de ne pas regarder les Accufés comme des Parricides, & tel encore, que fa tournure écartoit tous les témoins qui auroient pu dépofer ou du fuicide de Calas, ou de fon affaffinat par gens du dehors. Ces témoins fe trouvoient écartés, en ce qu'il eft de droit que toute dépofition qui ne porte pas fur des faits renfermés au Monitoire, eft réputée mendiée & par conféquent nulle. Voici en quels termes cette piece étoit conçue.

CHEFS DU MONITOIRE.

1°. Contre tous ceux qui fçauront par oui-dire ou autrement, que le fieur Marc Antoine Calas aîné avoit renoncé à la Religion Prétendue Réformée, dans laquelle il avoit reçu l'éducation, qu'il affiftoit aux cérémonies de l'Eglife Catholique, Apoftolique & Romaine; qu'il fe préfentoit au Sacrement de Penitence, & qu'il devoit faire abjuration publique après le 13 du préfent mois d'Octobre; & contre tous ceux à qui Marc Antoine Calas avoit découvert fa réfolution.

2°. Contre ceux qui fçavent par oui dire ou autrement, qu'à caufe de ce changement de croyance le fieur Marc Antoine Calas étoit menacé, maltraité & regardé de mauvais œil dans fa maifon, que la perfonne qui le menaçoit lui a dit *que s'il faifoit abjuration publique*, il n'auroit d'autre bourreau que lui.

3°. Contre ceux qui fçavent par oui-dire ou autrement, qu'une femme qui paffe pour attachée à l'héréfie, invitoit fon mari à de pareilles menaces, & menaçoit elle-même Marc Antoine Calas.

4°. Contre ceux qui fçavent par oui-dire ou autrement, que *le 13 du mois courant au matin, il fe tint une délibération dans une maifon de la Paroiffe de la Daurade, où la mort de Marc - Antoine fut réfolue & confeillée,* & qui auront le même matin vû entrer ou fortir de ladite maifon un certain nombre defdites perfonnes.

5°. Contre tous ceux qui fçavent par oui-dire ou autrement, que le même jour 13 du mois d'Octobre, depuis l'entrée de la nuit jufques vers les dix heures, cette exécrable délibération fut exécutée, *en faifant mettre Calas à genoux* qui par furprife ou de force, fut étranglé ou pendu avec une corde à deux nœuds coulans ou baguettes, l'un pour étrangler, l'autre pour être arrêté au billot fervant à ferrer les balles, au moyen defquels Marc Antoine Calas fut étranglé & mis à mort par fufpenfion ou par torfion.

6°. Contre tous ceux qui ont entendu une voix criant à l'affaffin & de fuite, ah, mon Dieu, que vous ai-je fait ! faites moi grace ; la même voix étant devenue plaignante & difant : ah, mon Dieu ! ah, mon Dieu !

7°. Contre tous ceux auxquels Marc Antoine Calas avoit communiqué les inquiétudes qu'il effuyoit dans fa maifon, ce qui le rendoit trifte & mélancolique.

8°. Contre tous ceux qui fçavent qu'il arriva de Bordeaux la veille du 13 un jeune homme de cette Ville, qui n'ayant pas trouvé des chevaux pour aller joindre fes parens qui étoient à leur campagne, ayant été arrêté dans une maifon, fut préfent, confent, ou participant à l'action.

9°. Contre tous ceux qui fçavent par oui-dire ou autrement, qui font les auteurs, complices, fauteurs, adhérens de CE CRIME, qui eft des plus déteftables.

Enfin, contre tous fachant & non révélant les faits ci-deffus, circonftances & dépendances.

Un tel Monitoire ne pouvoit être admis par des Juges inftruits des regles. Auffi on doit à l'Official de Touloufe cette juftice, qu'il ne l'accorda point. Il le fut par un Vicaire général, irrégularité frappante & d'autant plus grave ici, qu'outre l'inobfervation d'une loi pofitive, elle a bleffé, en laiffant prefuppofer le parricide, cette regle du droit naturel, qui obligeoit de publier le Monitoire *à décharge comme à conviction.*

Quel homme, après ce fignal de mort, eût pu dé-

poſer en faveur des accuſés ? Quel homme eût pu venir *révéler* des faits relatifs ou à l'aſſaſſinat par gens de
dehors, ou à l'homicide, lorſque les *révélations* ne
devoient rouler que ſur le parricide, lorſque toutes
autres *révélations* devoient être rejettées comme étran-
geres, comme offertes, & comme nulles ?

Et ce ne furent point alors de vaines terreurs. M^e
Challier, Avocat, qui *trouva moyen* (a) de faire entendre ſa dépoſition ſur le deſſein de Marc Antoine d'aller ſe faire recevoir Miniſtre à Genève, & de venir
enſuite prêcher dans le Royaume, indiqua un autre
témoin de ce fait. Tous deux auroient fait une preuve
complette du Proteſtantiſme ferme & décidé de Marc
Antoine. Ce témoin ne fut point entendu. M^e la
Vayſſe pere, obſerve dans ſon Mémoire, pour ſon
fils, * que « le Procureur du Roi & les Capitouls dé-
» daignerent de faire aſſigner pluſieurs témoins qui
» s'étoient préſentés à leur Curé pour révéler » des
faits intéreſſans pour la défenſe de ce vertueux offenſé.

* Page 8.

Ainſi l'on empruntoit de la Religion même des armes pour offenſer la Nature, & nos Temples reten-
tiſſoient de l'horrible accuſation du parricide, lorſque
la Loi ne voyoit pas encore de preuves, & défendoit
de déſigner aucun crime.

Mais ces Temples furent bien plus cruellement
ſouillés par une pompe meurtriere, qui acheva d'enflammer les eſprits.

(a) On ſe ſert de cette expreſſion, parce que ce ne fut qu'en annonçant
qu'il avoit à révéler un fait important, ſans le ſpécifier au Curé, qu'il fut
entendu.

Lorſque

Lorsque la principale question devoit rouler sur la religion de Marc Antoine, qu'on supposoit avoir été assassiné par ses parens, en haine de sa prochaine abjuration, tandis que d'un autre côté les plus fortes preuves devoient le faire regarder comme vrai Protestant ; deux Capitouls & un Assesseur tranchent tout-à-coup cette question, & par-là celle du parricide, en statuant par une Ordonnance, qu'il sera inhumé, par provision, en terre sainte. En vain le Curé de Saint Etienne s'oppose à cette Ordonnance, au moins inutile & précipitée ; les remontrances de ce sage Pasteur n'arrêtent point des hommes trop livrés à leur sinistre opinion, & dont l'un, dès le premier pas, avoit *pris tout sur son compte.*

Avec quel appareil cette Ordonnance est exécutée ! Un jour de Dimanche, à trois heures après-midi, cinquante Prêtres, suivis de la Confrérie des Pénitens blancs, transférent pompeusement le cadavre dans une Eglise, & là les honneurs funèbres que la Religion accorde à ses seuls enfans, sont décernés à un homme qu'aucun Ministre des Autels n'avoit jamais vu invoquer ses secours ou participer à ses mysteres.

Le faste affecté de cette inhumation ne fut que le prélude d'un spectacle plus propre encore à échauffer la multitude. Quelques jours après, les Pénitens blancs (auxquels Marc-Antoine ne pouvoit tenir par aucun titre) font célébrer dans leur Chapelle un service pour le repos de son ame. Tous les Ordres Religieux y assistent par députés. Au milieu de l'Eglise tendue de blanc, s'éleve un magnifique Catafalque ; sous le ciel est placé un squelette humain emprunté par le Fana-

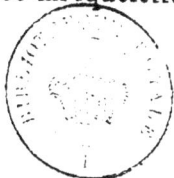

C b

tifme (*a*), & repréſentant Marc-Antoine. Dans une main il tient un papier, ſur lequel on lit, *ABJURA-TION DE L'HERESIE;* & dans une autre, une palme, emblême de ſon martyre.

Le lendemain un pareil Service ſe fait dans l'Egliſe des Cordeliers de la grande Obſervance. Le peuple s'y porte avec fureur ; des bruits de miracles ſe répandent ; un culte religieux eſt rendu à celui qui dans ce moment expie peut-être un crime que les Payens mêmes (*b*) croyoient puni par d'éternels ſupplices. Et c'eſt dans une de ſes Capitales, c'eſt au milieu d'un Siecle qui ſe dit éclairé, que la France voit préparer par de tels ſpeɛtacles la mort de cinq de ſes Citoyens, & préjuger un parricide ! Ce ſont des Capitouls, des hommes choiſis par leurs Concitoyens pour être leurs Défenſeurs en même tems que leurs Juges, qui, ſans avoir, de preuves contre une famille honnête (puiſ-qu'on en cherchoit par la voie du Monitoire) permettent cette pompe, y donnent lieu du moins par leur Ordonnance dont ils ſouffrent l'abus, & reſtent encore ſur le Tribunal pour juger ceux qu'ils viennent d'avance de condamner !

Une Procédure entamée ſous de tels auſpices, ne faiſoit pas attendre beaucoup de régularité. Auſſi d'abord les confrontations furent trouvées ſi mal faites, que les premiers Juges les caſſerent eux-mêmes, & en firent de nouvelles ; autre cauſe de récuſation à laquelle ils ne s'arrêterent point.

(*a*) Un Chirurgien prêta ce cadavre & crut, pour nous ſervir des termes de l'Evangile, *obſequium praſtare Deo.*

(*b*) *Proxima deindè tenent maſ:a loɔa qui ſibi lethum Inſontes peperere manu, lucemque peroſi Projecêre animas,* &c. Æneïd. Lib. 6.

Le 18 Novembre à cinq heures de relevée (quoique par un ufage plein d'humanité les Jugêmens criminels doivent fe prononcer le matin) ils ordonnent que Calas pere, fa femme & fon fils feront appliqués à la queftion ordinaire & extraordinaire. A l'égard de Lavayffe & de la Servante, on ordonne qu'ils feront feulement *préfentés* à la queftion ordinaire, forme de prononcer inouie, par laquelle on tenta vainement de répandre la terreur dans l'ame du jeune Lavayffe, en faifant fupprimer le mot *préfentés*, lors de la prononciation.

Les Accufés appellerent, &, comme pour les en punir, ils furent chargés de fers en ce moment même, quoiqu'au moyen de leur appel il n'appartint qu'au Parlement de leur infliger cette peine.

Le 5 Décembre 1761, la Tournelle « caffa la Sen-» tence rendue par les Capitouls, leur fit défenfe d'or-» donner à l'avenir que les prévenus feroient feule-» ment *préfentés* à la queftion, fans y être appliqués; » & avant dire droit fur l'Inftance d'excès, ordonna » qu'à la diligence du Procureur Général du Roi l'*in-* » *quifition* commencée feroit continuée »; difpofition qui équivaut à ce que nous appellons ici *un plus amplement informé.*

Rien ne paroiffoit donc encore en ce moment devoir trainer à l'échafaud un pere dont la vie paffée, la modération, la·bonté envers fes enfans, garantiffoient fi fortement l'innocence contre des indices vains & arbitraires.

L'information ayant été continuée par un Confeiller de la Cour, & le Procès mis en état, voici de quelle maniere l'Affaire se présentoit aux Juges.

Marc-Antoine pouvoit avoir été tué par des Etrangers ; il pouvoit s'être défait lui-même ; il pouvoit avoir été tué par des personnes de la maison, & ce dernier cas se subdivisoit en deux.

Il pouvoit avoir été tué par son pere seul ; il pouvoit l'avoir été par tous les Accusés, ou par plusieurs d'entr'eux.

1°. Avoit-il été tué par des Etrangers ? C'étoit-là sans doute la premiere question à examiner, & la chose étoit possible.

La porte de l'allée des Calas restoit ouverte jusqu'au soir, & ne se fermoit à la grosse clef qu'à l'heure du coucher. Une grande cour est au fond de la maison, avec un corps de logis occupé par le Propriétaire. La famille Calas logeant sur la rue, ne faisoit aucun usage de cette cour ; tout Etranger avoit droit d'entrer dans leur allée & dans la cour malgré eux.

Le soir du 13 Octobre Marc-Antoine avoit été vû allant chercher de l'or dans plusieurs boutiques ; il en avoit fait une montre imprudente au billard, & cet or ne se retrouvoit point.

Enfin trois Témoins déposoient avoir entendu A NEUF HEURES ET DEMIE, AU VOLEUR, *on m'assassine, on m'étrangle.* Les Accusés à la vérité rejettoient invinciblement cette déposition, & prouvoient que les cris entendus avoient été ceux de leur douleur, & non ceux du mort, parce que vers les neuf heures & demie IL ÉTOIT DÉJA FROID COMME UN MARBRE. Mais si malgré ce moyen la déposition frappoit, elle devoit donc frapper dans *fon entier*; on devoit donc en prendre *tout* le contexte; alors on trouvoit une preuve toute acquife d'un affaffinat commis par des *voleurs* qui avoient enfuite fufpendu Marc-Antoine, pour jetter le foupçon de fa mort, ou fur lui-même, ou fur les perfonnes de la maifon : & cette preuve devoit avoir d'autant plus de force, que n'y ayant point eu de vifite de la maifon, contre la difpofition de l'Ordonnance, la poffibilité d'un tel événement fubfiftoit toute entiere.

2°. Marc-Antoine s'étoit-il défait lui-même ? C'étoit la feconde queftion à examiner dans l'ordre de la nature, comme dans celui de la Juftice.

Rien de plus poffible encore. On a peint fon caractere fombre & atroce; on a montré fon goût & fes lectures; & ceci n'eft point un portrait apprêté pour l'Affaire. Le Monitoire même l'annonce *trifte & mélancolique*. La dépofition de Me Challier donnoit la plus grande vérité à ce portrait. Que ne l'a-t-on fuivie ? Que n'y a-t-on joint celle du témoin qu'il indiquoit ? On auroit vu un homme fans état, fans reffources, humilié de fon obfcurité, voulant en fortir à la maniere des Empedocles & des Eroftrates, plus entraîné à la prédication dans nos Provinces, par ce defefpoir qui fait des fanatiques, que par ce courage généreux, qui fait des confeffeurs, peut-être avili à fes propres yeux par la perte de l'or qu'il devoit rendre à fon pere; & en réuniffant toutes ces circonftances, on eût trouvé une telle ame montée au degré le plus prochain du fuicide.

Mais quels puiffans argumens fe tiroient de l'état du cadavre ! Des cheveux nullement dérangés, le linge ni déchiré, ni même en désordre, nulle meurtrissure, nulle marque de résistance ou de combat, son habit plié sur le comptoir, l'impression de la corde *, après avoir parcouru le devant du col, remontant à côté des oreilles, & aboutissant à la partie ultérieure * de la tête, voilà quels étoient les témoins muets du suicide. Qu'il y eût eu strangulation ou torsion, l'impression de la corde eût été horisontale autour du col; le nœud coulant eût fait une *équimose* ou meurtrissure dans quelque partie de la circonférence du col; la corde se seroit trouvée tordue; la langue auroit débordé les dents & les lévres; ces lévres se feroient trouvées chargées d'écume. Rien de tout cela. Qu'il y eût eu suspension après la strangulation ou torsion, le col auroit eu deux impressions de corde, l'une horisontale & circulaire plus marquée, l'autre de bas en haut moins forte & moins enfoncée. Nuls vestiges semblables.

A l'égard du lieu sur lequel on a fait tant & de si vaines dissertations, qui peut nier qu'il ne fût très-propre à la suspension ? Les uns ont soutenu la porte trop haute, les autres trop basse, tant la passion est sujette à se combattre par elle-même; & l'on prétend, si toutefois un tel fait est croyable, que des Capitouls ont mené le bourreau sur le lieu pour juger de la prétendue impossibilité physique.

Mais au vrai la porte avoit 9 pans * de hauteur, c'est-à-dire six pieds; sa partie supérieure étoit en barreaux à jour; ses deux battans un peu rapprochés portoient à terre sans jeu, sans mobilité, les gonds & pentures s'étant relâchés. Sur le haut des battans étoient des cordes ou ficelles servant aux emballages, & qui auroient arrêté le

* Mémoire intitulé, *Suite*, p. 6.
* L'occiput.
* Un pan est de huit pouces.

billot d'ailleurs applati par un bout ,& fuffifamment
affujetti par le poids du corps. La largeur de la porte n'étant que de cinq pans, les deux battans rapprochés de plus de quatre pouces de chaque côté, &
fixés par leur ftabilité ancienne, pouvoient bien fup-
porter les extrémités d'un billot long de quatre pans
& demi. Enfin un efcabeau, une chaife, des mar-
chandifes en balle, les barreaux de la porte facilitoient
l'acte, & rendoient la fufpenfion auffi pratiquable,
que le fuicide paroiffoit démontré.En effet le lendemain
avant que la corde & le billot euffent été portés à
l'Hôtel de-ville, (car on négligea par une précipitation extrême ces pieces de conviction) des jeunes
gens * réitérerent la fufpenfion, en plaçant le billot, * Mémoire;
P. 45.
fe fufpendant des mains à la corde, & s'agittant avec
violence, fans que ni les battans, ni le billot, ceffaf-
fent d'être fermes à leur place, expérience vûe par
des foldats de garde, qui l'avoient faite eux-mêmes.

. 3°. Calas, pere, avoit-il tué fon fils ? Horrible queftion que la nature repouffe, & qu'on n'aborde qu'en
tremblant ! Par quelle fatalité les efprits entraînés par
une impulfion premiere, fe font-ils portés avec impé-
tuofité vers cette queftion, comme la feule, comme
la néceffaire, comme la véritable, tandis que l'impoffibilité morale, l'impoffibilité phyfique, l'impoffibilité légale, combattoient pour un pere ?

IMPOSSIBILITÉ MORALE. Un pere tuer fon fils...
Un pere tuer fon fils pour caufe de religion, quand il
garde depuis trente ans une fervante la plus zelée Catholique, quand il la garde après qu'elle lui a converti

un de fes enfans, quand il traite en pere ce fils converti, quand il fouffre que celui dont on le nomme
parricide, s'engage dans un état qui exige des aêtes,
des épreuves, une profeffion publique de Catholicité!
A quelle heure encore & dans quel lieu ? à huit heures du foir, fur la rue la plus fréquentée de Touloufe,
environné de voifins, au lieu de prendre foit quelque occafion à la campagne, foit fon premier fommeil
dans la profondeur de la nuit, foit même (on fremit
de le dire, mais il faut en cette horrible affaire offenfer la
nature pour la défendre), foit même le poifon, puifque
le parricide une fois projetté, il n'avoit pas à fe révolter
fur le choix des moyens. Et pour quelle caufe ? parce
qu'il va abjurer le lendemain, tandis qu'on ne trouve
dans fa chambre ni livres catholiques, ni livres de controverfe, qu'on ne connoît ni Prêtre, ni aucun autre
qui l'ait inftruit, ni Confeffeur qui l'ait entendu, qui l'ait
abfous, qui l'ait préparé à cette communion qu'on a
dit devoir accompagner l'abjuration même ?

IMPOSSIBILITE' PHYSIQUE. Un pere âgé de foixante-huit ans, ayant les jambes enflées & chance-
lantes, a t-il pu pendre feul un fils âgé de 28 ans,
robufte, le plus adroit de la ville à tous les exercices
du corps ? Qu'on les mette même à forces égales,
l'impoffibilité fubfifte, parce que la nature toute feule
défend l'un & terraffe l'autre. Quel homme, quel Juge, quel pere a pu feulement fe peindre cet affreux
combat qu'il a fallu concevoir néanmoins pour l'en-
voyer au bucher ? Quelles traces en a-t-on trouvées,
quand on n'a vu ni cheveux dérangés, ni linge déchiré,

ré , ni meurtriſſures, ſoit ſur le pere, ſoit ſur le fils, ni impreſſion horiſontale de la corde , ni rien en un mot qui pût faire ſoupçonner le moins vraiſemblable des crimes ?

IMPOSSIBILITÉ LEGALE. Cinq Coaccuſés ſoutiennent conſtamment, perſévéramment , ſans s'être communiqué , ne s'être jamais quittés un ſeul inſtant. Deux d'entr'eux (le jeune la Vayſſe & la ſervante) avoient le plus grand intérêt à ſoutenir le contraire , pour faire ceſſer une accuſation dont bien des perſonnes auroient voulu les voir dégagés. Leurs ames ne connoiſſent en ce danger preſſant d'autre intérêt que celui de la juſtice & de la vérité. Ils perſéverent à la vûe d'une queſtion menaçante , & ces Coaccuſés ne ſont point convaincus de faux. Bien plus , on en abſout quatre dans la ſuite. Quelle puiſſance ſur la terre pouvoit condamner le cinquieme ?

4°. Enfin pluſieurs des Accuſés, ou tous enſemble, avoient-ils tué Marc-Antoine ? A la vérité ils l'avoient pu phyſiquement ; mais l'impoſſibilité phyſique ſubſiſtoit en entier, relativement à l'état de ſes cheveux, à celui dés habits & du linge , au défaut de meurtriſſures, ſoit du côté des Accuſés, ſoit du côté du mort, au défaut enfin d'impreſſion horiſontale de la corde.

L'impoſſibilité légale ſubſiſtoit de même , dès que tous les Accuſés ſoutenoient avoir toujours reſté en haut, avoir trouvé le corps au rez-de-chauſſée, & que ce ſoutien ferme & non concerté n'étoit pas détruit.

Mais quelle force dans cette hypotheſe du côté de l'impoſſibilité morale! Ce n'eſt plus ſeulement un pere qui aſſaſſine ſon fils. Un ami plein de douceur & de

D b

candeur, un frere, une mere, un pere, deviennent tout-à-coup quatre monftres exécrables, commettent de fang froid, fans s'être concertés auparavant, le plus affreux des forfaits, & c'eft la Religion qui arme leur bras ! Mais tout-à-coup cette hypothèfe même eft détruite. Une Catholique d'une piété exemplaire & foutenue, qui vient de communier depuis trois jours, qui a converti l'un des enfans, devient la meurtriere de l'autre ; elle fe joint à ces monftres ; elle ne défend pas Marc-Antoine qu'on affaffine en haine de fon abjuration du lendemain, elle ne lui fait pas un rempart de fon corps ; elle ne lui appelle pas du moins du fecours par fes cris !

Voilà dans quel état l'affaire fe préfentoit aux Juges de la Tournelle. Voilà quelle étoit là gradation des queftions ; quelle poffibilité influoit fur la décifion des unes ; quelles impoffibilités réfiftoient aux autres.

Contre la douleur d'entamer d'abord la queftion du parricide, & de ne voir qu'elle, contre les impoffibilités de tout genre qui l'écartoient avec tant de force, on oppofoit des indices. Les Accufés en détruifoient l'induction par des réponfes folides, & par cette réponfe générale, fouverainement jufte, qu'on ne pouvoit les leur oppofer, après leur avoir ôté les voies de droit, qui leur en auroient procuré de plus forts, & même des preuves contraires.

Il convient toutefois d'expofer ces indices, ce qui forme, pour ainfi dire, l'expofition du Procès entier ; & par leur lecture on aura du moins cette fatisfaction fi précieufe pour les ames éclairées & honnêtes, de n'avoir pas placé mal fa pitié, de n'avoir pas répandu

d'inutiles larmes. Quelle immenfe diftance de ces indices à un parricide !

Ils peuvent fe divifer en quatre claffes. 1°. Difcours
& mauvais traitemens imputés au pere , foit relativement à fon fils Louis devenu Catholique, foit relativement à Marc-Antoine. 2°. Difcours imputés à Pierre Calas fur les changemens de religion. 3°. Apparences de changement de religion dans Marc-Antoine ,
& doctrine de l'Eglife Proteftante fur ces changemens.
4°. Indices & oui-dires relatifs au fait même. On va
parcourir exactement chacune de ces claffes.

PREMIERE CLASSE D'INDICES.

*Difcours & mauvais traitemens imputés au pere, foit
relativement à fon fils Louis devenu Catholique, foit
relativement à Marc-Antoine.*

INDICES.

RÉPONSES.

1°. Le fieur Calas pere,
a enfermé pendant quinze
jours fon fils Louis au pain
& à l'eau dans une cave ,
pieds nuds, pour punir ou
empêcher fa converfion;
il lui a tiré un coup de piftolet , le pere étant dans
fon comptoir & Louis fon
fils dans la boutique.

Un feul Témoin par oui
dire dépofe de l'emprifon-
nement dans la cave. Louis
le nie par une déclaration
folemnelle & imprimée,
ainfi que le prétendu coup
de piftolet qui auroit été
entendu dans la rue, qui
auroit fait éclat , & dont
cependant perfonne ne dé-
pofe. Le fage difcours tenu

par le pere à M. de la Mothe, Conseiller au Parlement, qui lui annonçoit la conversion de son fils, les arrangemens volontairement concertés avec M. l'Archevêque & M. le Procureur Général, la pension fixée avec le sieur Borel, Capitoul, les tendres embrassemens donnés par le pere à son fils en présence du Sr Borel, font la plus forte de toutes les réponses. D'ailleurs, le fils s'étant retiré de la maison avant de faire annoncer sa conversion par M. de la Mothe, dans quel tems pourroit-on placer cette prétendue prison pour punir ou empêcher une conversion jusqu'alors ignorée ?

INDICES.	*REPONSES.*
2°. La nommée Couderc, associée de la Dandufe, étant entrée dans le magasin du sieur Calas *à sept heures* du matin, 15 jours avant la mort de Marc Antoine, a vû le Sr Calas pere tenant ce fils au collet & lui disant, *il ne t'en coûtera rien que la vie,* ou bien *si tu ne changes, je te servirai de bourreau.*	Le Sr Calas pere a proposé pour 9e fait justificatif, qu'on l'admît à prouver que l'associée de la Dandufe (deux femmes de la lie du peuple auxquelles il avoit refusé peu avant des indiennes à crédit) avoit déclaré publiquement à la place de l'Hôtel-de-Ville, qu'on avoit inféré par erreur dans sa déposition, qu'elle avoit vû le sieur Calas pere maltraitant son fils, qu'elle n'avoit entendu déposer de ce fait *que par oui-dire.*

Le sieur Calas a répondu dans un interrogatoire, qu'il avoit fait vers le même tems, mais non dans sa boutique ni à cette heure, une vive & forte reprimande à son fils sur sa fureur pour le billard. Il a aussi offert de prouver que jamais dans cette saison il ne descendoit dans sa boutique avant *huit heures* passées.

Le sieur Bergerot passant devant la maison du sieur Calas vers le milieu de la semaine qui précéda celle de la mort de son fils, vit le re se promenant dans sa boutique avec un homme habillé de gris, ayant un chapeau bordé, & lui entendit dire à cet homme : « *s'il change* ou » *s'il ne change, je le tue-* » *rai* ».

A l'égard du prétendu discours rapporté par le sieur Bergerot, le sieur Calas l'a nié. Rapporté d'ailleurs avec la négative *ne*, il prouveroit plûtôt pour le sieur Calas que contre, n'ayant aucun trait à la Religion, ni à Marc Antoine plûtôt qu'à un autre. Si même le sieur Calas avoit dit *s'il change de Religion*, cela n'auroit pu s'entendre que d'un acte formel d'abjuration, puisqu'il laissoit son fils aller dans nos Temples, & étudier en Droit. C'est même ce qu'annonce formellement le second chef du Monitoire, en n'attachant la menace de mort qu'au cas d'ABJURATION

PUBLIQUE. Or n'y ayant pas la plus foible preuve de cette abjuration, la menace feroit reftée fans objet & fans fuite. D'ailleurs c'eft un Témoin unique.

DEUXIEME CLASSE D'INDICES.

Difcours imputés à Pierre Calas, fur fon changement de Religion.

INDICES.

3°. Cazeres, garçon Tailleur du fieur Bou, a entendu un jour ouvrable du mois d'Août 1761, Pierre Calas difant à la dame Bou, lorfque celle-ci envoyoit fes garçons recevoir la Bénédiction qui venoit de fonner, « Vous ne » penfez qu'à vos Bénédi- » ctions vous autres : *on* » *peut fe fauver dans les* » *deux Religions.* Deux de » mes freres penfent com- » me moi; fi je fçavois qu'- » ils vouluffent changer, je » ferois en état de les poi- » gnarder. Si j'avois été à » la place de mon pere » quand Louis fe fit Ca-

RÉPONSES.

On n'envoye point des garçons un jour ouvrable à la Bénédiction. On ne leur fait point ainfi quitter leur ouvrage. Le difcours prêté à Pierre eft abfurde; car *fi l'on peut fe fauver dans les deux Religions,* pourquoi donc poignarder un frere ? Mais dans le vrai la dame Bou & deux autres garçons Tailleurs de la même boutique, tous les trois Catholiques, ont nié formellement ce difcours prétendu tenu devant eux, & ont ainfi démenti ce Témoin unique, homme de néant, fans domicile, & appellé de

» tholique , je l'aurois fait Montpellier pour cette dé-
» mourir ». position , fur laquelle il
eût été bien plus fimple
d'entendre les trois Témoins réfidens à Touloufe. C'eft
le quatrieme fait juftificatif propofé par le fieur Calas.

TROISIEME CLASSE D'INDICES.

*Apparences de changement de Religion dans Marc-An-
toine Calas , & Doctrine de l'Églife Proteftante fur
ces changemens.*

INDICES.

4°. Marc Antoine a
voulu changer de Reli-
gion , car on l'a vû quelquefois dans nos Temples.

RÉPONSES.

Il a pu y affifter , foit
pour furprendre à la fin
(fans être réduit à des actes incompatibles) un certificat de catholicité , afin
de finir fa licence, foit pour entendre la mufique dont
il étoit amateur , foit pour entendre des fermons de
morale par des Prédicateurs célebres (*a*) , de même
que dans les pays Proteftans les Catholiques entrent
quelquefois dans les Temples. Mais un fait conftant &
décifif, eft qu'il n'a jamais eu de Confeffeur, qu'on n'a
rien trouvé dans fes livres * & papiers qui eût trait au
Catholicifme ; qu'il faifoit la priere & autres exercices
de fa Religion dans fa famille , fuppléant fon pere lorf-

* Mém. pag.
62.

(*a*) *Nota.* Il aimoit fur-tout à entendre le fameux Pere Torné , alors
Doctrinaire à Touloufe , dont les Sermons relevés & touchans ne font
pas des difcuffions épineufes de controverfe.

que ce chef de famille ne pouvoit parler ou prier haut.

Un Magiftrat grave * a même déclaré qu'ayant eu part à la converfion de Louis Calas , & voulant convertir auffi Marc Antoine, il lui avoit fait plufieurs argumens forts fur lefquels celui-ci demanda du tems pour s'examiner & fe réfoudre. Quelque tems après il revint & déclara qu'il s'étoit affermi dans la foi dans laquelle il avoit été élevé. Et fans doute fon affiftance dans les Temples pourroit fe placer dans ces tems de délibération & d'examen, fi d'ailleurs elle n'étoit pas fuffifamment expliquée par les trois caufes ci-deffus. Il eft certain encore qu'au mois de Septembre 1758 , il avoit affifté à une affemblée proteftante près de Mazamet , & qu'il y avoit préfenté un enfant qui fut baptifé par un Miniftre ; qu'à Noel 1760, étant chez le S' Vaute à Braffac, il affifta à une pareille affemblée qui fe tint près Vabres ; qu'enfin au mois de Juillet 1761 , il affifta à un enterrement Proteftant hors des murs de Touloufe , & que là il parla fortement aux affiftans en homme perfuadé de l'excellence de fa Communion. Ce font autant de faits juftificatifs offerts par le pere , & dont plufieurs ont même été prouvés avant le Jugement.

INDICES.	*REPONSES.*
5°. M. la Plagne, Confeffeur, a dépofé qu'un jeune Proteftant , dont il ne fçait pas le nom, & qui étoit un garçon de 22 ans, s'étoit préfenté à fon Tribunal	Ce ne pouvoit être Marc Antoine, puifqu'il avoit 28 ans, & que M. la Plagne n'a point reconnu fon cadavre à lui repréfenté. C'étoit fi peu lui, qu'il eft

bunal aux fêtes de Noel 1760, Pâques & Pentecôte 1761.

eft prouvé qu'aux fêtes de Noel 1760 * il étoit chez le fieur Vaute à Braffac, près Vabres, & qu'il affifta

* Mem. pag. 64.

à une affemblée de Proteftans. Le fait de fon féjour chez le fieur Vaute eft juftifié par un *atteftatoire** des Curé, Juge, Confuls & principaux Habitans de Braffac.

* Mémoire intitulé *Suite*, p. 53.

INDICES.	*REPONSES.*
6°. Catherine Dolmiere, Couturiere, native de Beziers, a dépofé que Marc Antoine lui avoit dit le 12 Octobre, veille de fa mort, qu'il devoit faire abjuration le 14, la priant de n'en rien dire, parce que fi on le fçavoit il feroit.... avec une expreffion groffiere.	La dépofition de ce Témoin eft infirmée par la fauffeté dont elle s'eft rendue coupable, en fe donnant pour nouvelle Catholique, afin de fe concilier plus de croyance. Il eft prouvé * qu'elle eft née Catholique, de parens anciens Catholiques, & d'une Ville où il n'y a point de Proteftans. En fecond

* Obfervat. p. 43, Mem. p. 65. 66. 67.

lieu elle eft témoin fingulier. En troifieme lieu, la dépofition eft fans vraifemblance; car Marc Antoine n'eût pu abjurer & faire fa Communion (qui eût été fa premiere) que dans fa Paroiffe. Or il eft prouvé par une déclaration* juridique de fon Curé, que celui-ci n'en a rien fçu. D'un autre côté Marc Antoine, à la veille de la plus importante action de fa vie, fe fût-il fervi d'expreffions auffi fales, auffi groffieres? eût-il paffé toute

* Obferv. p. 41. 44.

Eb

fon après-midi au billard & dans une indécente diffi-
pation ? Enfin il affiftoit conftamment aux baptêmes,
aux inhumations , aux affemblées des Proteftans ;
le fieur Calas a pofé , comme feptieme fait juftificatif
(on ne fçauroit trop le repéter) , « qu'au mois de
» Juillet dernier (1761) , deux mois avant fa mort,
» Marc Antoine affifta à un enterrement Proteftant qui
» fe fit hors la Ville, & qu'il parla fortement aux au-
» tres affiftant de la prétendue excellence de fa Reli-
» gion ».

INDICES.

REPONSES.

7°. La Doctrine des
Eglifes Proteftantes per-
met aux parens de faire
mourir leurs enfans qui
veulent devenir Catholi-
ques. Calvin a enfeigné ,
dans *l'Inftitution Chrétienne* fon principal ouvrage ,
qu'un pere pouvoit punir
de mort fes enfans s'ils
abandonnoient la Religion
dans laquelle il les avoit
élevés. C'eft la Doctrine
de Genève, c'eft celle des
Miniftres qui fe répandent
en France.

A-t-on pu férieufement
former une telle accufa-
tion contre une Commu-
nion qui fe glorifie d'être
une Communion Chré-
tienne ? Il eft faux que jamais Calvin ait donné un
enfeignement fi abomina-
ble. Le livre intitulé , *Néceffité d'un culte public* ,
imprimé en 1747 ; celui
intitulé , *Queftions fur la
Tolérance* , imprimé en
1758 ; la *Liturgie Proteftante*, imprimée en 1759,
détruifent cette accufa-
tion. Une délibération des
Syndics & Confuls de Genève, du 30 Janvier 1762,

ſcellée du ſceau* de la République, ſignée du Secré-
taire d'Etat, certifiée par le Baron de Montperoux,
Réſident de France à Genève, une déclaration des
Paſteurs & Profeſſeurs de l'Egliſe & Académie de Genève, revêtue des formes légales, écartent avec modération & avec force cette imputation haſardée par la
ſeule populace, imputation qu'eux-mêmes auroient
mépriſée au point de n'y pas répondre, ſi la compaſſion
pour l'Accuſé ne les eût engagés à donner ces déclara
tions.

* Mém, in-
titulé *Suite*, p.
30. 31.

QUATRIEME CLASSE D'INDICES.

Indices & Oui - dires relatifs au Fait même.

INDICES.	RÉPONSES.
8°. La demoiſelle Pou-chelon, Popis garçon Paſ-ſementier du ſieur Maiſon, & la fille de ſervice du Sr Ducaſſou, ont enten-du Marc Antoine Calas criant à neuf heures & de-mie, *au voleur, on m'aſſaſ-ſine, on m'étrangle.* Les ſieurs Gleiſes commis du ſieur Caſes, Noſieres Pra-ticien, Perès commis de la veuve Peyronet Chape-liere, rapportent le diſ-cours de Popis.	La demoiſelle Pouche-lon s'eſt rétraƈtée; à neuf heures & demie, le corps de Marc Antoine étoit FROID COMME UN MAR-BRE. Si l'on eût entendu crier *au voleur*, c'étoit un meurtre commis par gens de dehors, & non pas un parricide. D'ailleurs le Sr Calas a demandé, comme deuxieme fait juſtificatif*, qu'on vérifiât s'il étoit poſ-ſible que la voix de Marc Antoine Calas eût été en-tendue diſtinƈtement de la

* Même p
101.

boutique ou du magasin bien fermés dans cette chambre bien fermée du second étage, où la servante prétend l'avoir entendue, & des fenêtres du second étage où la dame Pouchelon & Popis prétendoient avoir été. Les Srs Gleises, Nosieres & Perès, en rapportant le discours de Popis, le rapportent différemment, & le font se contredire : quand ils le rapporteroient unanimement, ils ne lui auroient pas donné plus de force que Popis ne lui en donnoit lui-même ; ainsi leur déposition n'est qu'une surcharge dans l'affaire. Il résulte des cris, *ah, mon Dieu ! ah, mon Dieu !* que Popis dit aussi avoir entendus, que ces cris, s'il a pu entendre réellement quelque chose, étant placés à l'époque de neuf heures & demie, neuf heures trois quarts, même dix heures, soit dans la déposition de Popis, soit dans les répétitions de sa déposition, seroient ceux du pere, de la mere, du frere, qui se lamentoient sur le cadavre, frappoient des pieds, & invoquoient le Ciel, dans l'excès de leur douleur.

INDICES.	REPONSES.
9°. La femme du Peintre Mathei *a dit* que la nommée Mandrille mere *lui avoit dit* qu'étant dans une maison où elle *achetoit*, une demoiselle *qu'elle ne connoissoit pas & ne reconnoîtroit pas*, lui avoit *dit* que le soir de la mort	A-t-on jamais entendu qu'un ouï dire d'ouï dire d'ouï dire *d'une inconnue qu'on ne reconnoîtroit pas*, ait pu asseoir l'horrible accusation, bien plus encore la condamnation d'un parricide ? Mais si ce discours avoit

de Marc Antoine Calas, elle avoit entendu le fieur Calas pere lui difant: « tu » veux toujours faire à ta » tête ; je t'étranglerai: » que Marc Antoine Calas crioit, « ah, mon pere, » que vous ai-je fait? mon » pere, laiffez-moi la vie ». été tenu, la nommée Mandrille ne devoit-elle pas du-moins indiquer la maifon? les gens de cette maifon, le maître ou le commis de boutique qui auroient entendu l'inconnue auffi-bien qu'elle, ne feroient-ils pas venus à révélation, fur les Monitoires publiés dans Touloufe avec les plus effrayantes folemnités? D'ailleurs ce prétendu difcours n'auroit-il été entendu ni par la demoifelle Pouchelon, ni par la fervante du fieur Ducaffou, ni par Popis, ni par perfonne, mais feulement par une *inconnue qu'on ne reconnoîtroit pas*, fi on la voyoit? Voilà cependant quel a été le plus grave de tous les indices ; & cet indice même, comme on le voit par ce mots, *tu veux toujours faire à ta tête*, n'avoit aucun trait à la Religion.

INDICES.	REPONSES.
10°. Le fieur Perès, commis d'une chapeliere, regardant par une fente de la fermeture de la boutique, a vu jufqu'au fond du magafin la dame Calas qui pleuroit & qui a ceffé bientôt : il n'a pas vu affez de douleur dans le pere. La	Il étoit impoffible que le fieur Perès pût rien voir, de la maniere dont fa dépofition le place. A l'égard des dépofitions en elles-mêmes, n'a-t on pas vû plus haut, au contraire, que les dépofitions de Popis, de la demoifelle Pou-

servante de la demoiselle Pouchelon a vu Pierre Calas sortant de la maison, qui dit d'un ton assez tranquille *au monde rassemblé* devant sa porte, que son frere étoit mort. chelon, de la servante du Sr Ducassou, portant sur l'heure de neuf heures & demie à neuf heures trois quarts, annoncent dans l'intérieur de la maison la douleur la plus vive & la plus perçante. Etoit-il étonnant que Pierre, pour cacher le suicide de son frere, affectât de cacher cette douleur ? Mais s'il a pu paroître insensible, comment, seule de *tout ce monde rassemblé*, la servante de la demoiselle Pouchelon, l'aura-t-elle vu ? Que de dépositions au contraire ont annoncé la douleur du pere & de toute la famille ! Et ces ames vulgaires pouvoient-elles sentir que les grandes douleurs se manifestent moins par des larmes que par une stupidité d'accablement & une assiette profondément immobile ?

Voilà quels étoient les indices qu'il avoit été possible de faire sortir des dépositions de plus de cent cinquante témoins entendus, soit dans l'information, soit dans la continuation *d'inquisition*. Quelle foiblesse dans ces indices, quand on les opposoit à des impossibilités morale, physique & légale, si vraies, si sensibles, si fortement présentées ! Quelle immense distance de ces indices au parricide conçu, exécuté, consommé par un pere, ou par cinq monstres réunis !

Mais ces indices eussent-ils été les plus violens, les plus accablans, avec quelle force & quelle vérité le malheureux Calas chargé de fers pouvoit-il faire entendre du fond de son cachot une défense touchante

puifée dans les circonftances même réunies contre lui.
« Que peuvent conclure, auroit-il dit, ces indices re-
» cueillis avec tant de foins & de travaux, contre un
» homme qu'on a préjugé coupable par l'inhumation
» pompeufe de fon fils ? M'a-t-on laiffé une défenfe li-
» bre & entiere, lorfqu'on publie un monitoire qui
» préfente le parricide comme prouvé ; lorfqu'on porte
» les efprits vers cette feule penfée ? Me l'a-t-on laif-
» fée libre & entiere, lorfqu'on omet de faire enten-
» dre les témoins qui auroient dépofé pour moi ; lorf-
» qu'on les rejette par la maniere dont l'accufation
» eft difpofée ; lorfqu'on n'a voulu vérifier ni livres,
» ni papiers, ni état des lieux ? Me l'a-t-on laiffée en-
» fin, lorfqu'on n'a pas conftaté l'état du cadavre de
» mon malheureux fils ; lorfqu'on n'a point informé
» à *décharge* comme à *charge* (a) ? Ah ! rendez - moi
» feulement le cadavre de mon fils, tel qu'il fut trou-
» vé dans ce moment d'horreur, il combattra pour
» fon pere » !

Toutefois des magiftrats chargés de veiller au repos
d'une grande Province, ne pouvoient négliger ces indices, lors même qu'ils les auroient cru méprifables :
mais n'y avoit-il pas des voies de droit qui pouvoient
ou détruire ou confirmer leurs foupçons : & n'eût-il
pas été jufte d'épuifer d'abord ces voies, avant de livrer
aux flammes, commeparricide, un pere dont la loi ne

_____

(a) **Par exemple.** Pourquoi n'avoir pas fuivi jufqu'à la fin la dépofition
de Mᵉ Challier? Pourquoi n'avoir pas entendu le Témoin qu'il indiquoit
fur un fait décifif? Pourquoi avoir indiqué dans le Monitoire d'une maniere fi circonftanciée, fi précife une prétendue affemblée du 13 Octobre, fur laquelle il n'y a pas un feul dépofant? Pourquoi n'avoir pas
nommé du moins, aux Accufés ablous, l'indigne dénonciateur qui a fa-
briqué cette calomnie ; car il y a eu fans doute un dénonciateur ?

demandoit pas ſi promptement le ſupplice ?]

La premiere & la plus naturelle de ces voies étoʹt la publication d'un nouveau Monitoire qui fût pour cette fois *à décharge comme à charge* : car pouvoit-on ſe diſſimuler qu'on s'étoit beaucoup trop avancé dans le premier , ne fut-ce qu'en annonçant comme certaine une prétendue aſſemblée du 13 Octobre au matin ſur laquelle perſonne n'a depoſé ? Alors il ſe feroit préſenté des témoins ſur la profonde & habituelle mélancolie de Marc Antoine , ſur ſes cauſes ; ſur les deſſeins deſeſpérés de ce jeune homme ; ſur ſa paſſion invincible pour le billard , ſur ſes pertes fréquentes , ſur cet or montré avec oſtentation le 13. Oct. au ſoir ; ſur les gens qui étoient alors dans le billard, peut-être ſur la diſparution ſubite d'un ou pluſieurs d'entre eux depuis l'accuſation , &c. Alors du moins on eût pu ſe dire avec cette ſatisfaction qui naît du ſentiment d'un devoir bien rempli , qu'on avoit mis les accuſés en état de ſe procurer des indices & des preuves , & qu'ainſi on avoit réparé à leur égard l'injuſtice de la premiere inculpation.

Une ſeconde voye étoit de commencer par le jugement des deux témoins co-accuſés , le jeune la Vayſſe & la ſervante. Cette voye étoit encore ſi ſimple , ſi juſte , ſi naturelle. Alors ou ces deux co-accuſés auroient été convaincus & ils entraînoient néceſſairement la conviction des trois autres , ou ils auroient été abſous ; & dans ce cas l'équité naturelle les remettoit à leur véritable place, à leur place de témoins. Quel témoignage que celui qui épuré par l'appareil d'une inſtruction rigoureuſe eût juſtifié lui ſeul les

accuſés

accufés , eût épargné à notre fiécle & à notre Patrie l'horrible foupçon d'un parricide !

C'étoit ainfi que la Tournelle de Touloufe avoit conduit l'inftruction à l'égard du fieur Olivier * & de fon valet, tous deux prévenus d'avoir tué la fœur du premier , tous deux s'entre-accufant , tous deux chargés feulement par des indices. Ceux contre le valet étant très-foibles, les Juges convaincus de fon innocence le relaxerent , le firent réfumer fur fes interrogatoires, le confronterent au fieur Olivier qui fur cette dépofition d'un co-accufé redevenu témoin, & fur des indices urgens , fut condamné à la roue. » Ce que la Cour fit dans cette occafion (a dit un » des premiers * défenfeurs des accufés), pour avoir » la preuve du crime ; pourquoi ne l'auroit-elle pas » fait dans celle-ci pour faire triompher l'innocence ?

Une 3e. voye étoit d'admettre la preuve des faits juftificatifs. Calas pere en avoit pofé onze dans fon premier Mémoire. Dans un fecond , intitulé *Suite*, il en avoit prouvé plufieurs ; & tous ces faits , ou établiffoient directement fon innocence , ou portoient les efprits vers l'idée d'un fuicide. La Loi * (s'il faut citer une Loi fur un point d'équité naturelle) n'ordonnoit-elle pas aux Juges de choifir *du nombre des faits que l'accufé aura articulés dans fes interrogatoires & confrontations*, ceux qui feront admiffibles, & d'en permettre la preuve ? Veut-on , pour fe prêter à toute hypothèfe , qu'aucun ne le fût, du moins il devoit y avoir dans l'Arrêt définitif un chef qui les concernât & qui prononçât *fans y avoir égard* , parce que toute demande exige qu'on *faffe droit* fur elle.

F b

* Obferv. p. 15.

* Ibid.

* Ordonnance Crim. tit. 26. art.

Ces trois voyes épuiſées, falloit-il allumer les flammes d'un bucher ? non. Les droits de la ſocieté ſur
l'accuſé étoient remplis, par un plus amplement informé indéfini, avec reſerve des preuves. Qu'on l'eût
précipité dans un cachot, qu'on l'eût chargé de fers,
qu'en prolongeant ſa vie on eût prolongé ſon ſupplice, on auroit excédé les bornes de la Loi, mais
il eût vêcu du moins, & il devoit vivre tant qu'il
n'étoit pas prouvé qu'il dût expirer en coupable. Car
qu'on ne s'y trompe point, les Magiſtrats ne doivent
point à la ſocieté la punition d'un crime, lorſque le
coupable eſt inconnu ou n'eſt pas convaincu, & ils
doivent au contraire à chaque citoyen la certitude
que ſa vie n'eſt qu'au pouvoir des Loix.

Le 9 Mars 1762, l'affaire fut miſe ſur le Bureau
ſans qu'on eût employé aucune de ces voyes ; &
toute la Province aux yeux de laquelle on avoit
donné à cette affaire la Religion pour principe,
attendoit avec frayeur un Arrêt qui lui apprît ſi nos
Freres ſéparés ſont parmi nous des citoyens ou des
bourreaux.

Que le ſort des Juges eſt à plaindre, ſur-tout de
ceux qui tiennent le glaive des loix pour couper les
liens des innocens ou pour frapper les coupables !
Un point ſouvent inviſible ſépare la verité de l'erreur.
La droiture, les lumieres, la bonté du cœur ne les
garantiſſent pas toujours des écueils qui les environ-
nent; & quelquefois léur bienfaiſance même les mettant
en garde contr'eux, les entraîne à être ſeveres.

Treize Juges (*a*) paroiffent à la Tournelle. On propofe Calas pere à juger d'abord. Il eſt amené devant
eux. Comme ſi le haſard même eût conſpiré ſa perte,
il arrive que le jour & l'heure pendant leſquels on lui
fit traverfer la place des exécutions pour monter au
Palais, offrirent à ſes yeux un bucher (*b*) allumé
qu'on lui laiſſa croire être l'appareil de ſon ſupplice.
Troublé par cette affreuſe idée, il ne put oppoſer ni
les vices de la procédure, ni la privation de ſes moyens
de défenſe, ni les faits juſtificatifs, ni cette réclamation puiſſante que donnent, à un accuſé de parricide,
l'innocence & la nature.

Puiſque la notoriété publique (*c*) a levé le voile qui
couvre les Jugemens, la dame Calas & ſes enfans ſe
croyent permis d'expoſer que ſept Juges ſeulement
opinerent à la mort. Les autres propoſerent la viſite
des lieux, ou une queſtion préparatoire. Un d'eux
même fut d'avis du hors de Cour, tant les indices
étoient foibles & arbitrairement ſaiſis. Enfin une voix
paſſe à l'avis de mort, & forme l'Arrêt, qui « le
« déclare ATTEINT ET CONVAINCU du cri-
» me d'homicide par lui commis ſur la perſonne de
» ſon fils aîné, ordonne qu'on l'appliquera à la

(*a*) M. de la Salle, Conſeiller, ayant perpétuellement préſumé l'innocence des Accuſés, & ſoutenu hautement l'impoſſibilité morale du parricide, eut la délicateſſe de ſe récuſer, pour avoir ainſi laiſſé entrevoir
ſon avis; ce qui priva les Accuſés du ſuffrage de ce vertueux Magiſtrat.

(*b*) On brûloit préciſément à cette heure un écrit fait pour réfuter la
doctrine imputée par la populace aux Communions Proteſtantes, d'au-
toriſer l'aſſaſſinat des enfans qui les quittent. Voyez plus haut.

(*c*) Pluſieurs Ecrits imprimés ſur cet affaire, & la notoriété de toute
la Province de Languedoc, ont déja appris au Public les particularités de
ce Jugement.

» queſtion ordinaire & extraordinaire, pour TIRER
» DE LUI L'AVEU de ſon crime, Complices &
» circonſtances, & le condamne à être rompu vif,
» à expirer ſur la roue, après y avoir demeuré deux
» heures, à être enſuite jetté au feu.

Interrogé à la queſtion s'il n'avoit pas de Complices; *où il n'y a pas de crime*, répondit-il avec fermeté, *il n'y a pas de Complices*; & il continua hautement de proteſter de l'innocence des Accuſés & de la ſienne.

Mais ce fut ſur-tout en marchant au ſupplice & dans le ſupplice même, que cet infortuné vieillard fit paroitre ce courage que le crime affecte quelquefois & n'imite jamais. Il ſieroit mal à une épouſe, à des enfans qui ne veulent faire entendre que leur douleur, de paroître par une deſcription trop touchante inculper des Juges qui n'ont voulu écouter que la voix de la conſcience & du devoir. Ils diront donc avec ſimplicité que le peuple revenu de ſon fanatiſme, verſa ſur lui des larmes tardives, pendant que le vieillard avec une réſignation chrétienne, offroit généreuſement à Dieu le ſacrifice de ſa vie pour l'expiation de ſes fautes. Un Dominicain *, Profeſſeur en Théologie, & un Religieux du même Ordre, chargés de l'aſſiſter, s'édifioient de ſa piété, de ſa fermeté dans les tourmens, qui fut telle, qu'un ſeul cri, même fort modéré, lui echappa au premier coup de barre, & que tous les autres coups ne lui arracherent aucune plainte. Placé enſuite ſur la roue, la face tournée vers le Ciel, il y portoit ſes regards, il les y tenoit tendrement attachés; & le

* Les Peres Bourges & Cai dagues.

prenant à témoin de son innocence & de celle de ses co-Accusés : « Je meurs innocent, disoit-il à ses res-
» pectables Consolateurs ; J. C. l'innocence même,
» voulut bien mourir par un plus cruel supplice. Dieu
» punit sur moi le péché de ce malheureux qui s'est
» défait lui-même. Il le punit sur son frere & sur ma
» femme ; il est juste, & j'adore ses châtimens. . . . .
» Mais, mon Pere ! ce jeune Etranger à qui je croyois
» faire politesse en le priant à souper ; cet enfant si bien
» né, ce fils de M. Lavaysse, comment la Providence
» l'a-t-elle enveloppé dans mon malheur » ? Dans ce
tems même ce Capitoul *qui avoit tout pris sur son compte*, troublant (*a*) inhumainement ses derniers mo-
mens, lui crioit : « Malheureux, voici le bucher qui
» va réduire ton corps en cendres, dis la vérité » ! &
lui, pour toute réponse, levant ses yeux en haut vers
l'Auteur de toute vérité, lui offrit de nouveau sa vie,
tourna la tête vers l'Exécuteur, & termina ses jours.

Ainsi mourut Jean Calas, condamné comme AT-
TEINT ET CONVAINCU de parricide, par un Arrêt
qui établit en même tems qu'on ne·lui en avoit point
TIRÉ L'AVEU.

Le 18 Mars on procéda au Jugement des autres Accusés ; Jean-Pierre Calas fils fut condamné au bannis-
sement perpétuel, *pour les cas* (*b*) *résultans du Procès*.
La mere, Lavaysse & la Servante furent mis hors de
Cour & de Procès, *depens entre le Procureur Général*

(*a*) Mᵉ Goazé, Avocat & Capitoul, étant le Commissaire préposé à
l'exécution, nul autre que lui n'avoit droit de s'y trouver & d'interroger
le patient.

(*b*) C'est-à-dire à cause du discours irréligieux & cruel que lui imputoit
Cazeres, témoin ; car cette condamnation est trop foible pour avoir trait
au parricide.

du Roi & eux, compenfés. L'on expofe que fuivant l
ftyle du Parlement de Touloufe, *le hors de Cour* pro
noncé dans le cas où l'un des Accufés a fubi le dernie
fupplice, équivaut à une RELAXE formelle; expret
fion de la même Cour, qui fignifie une décharge fo
lemnelle de l'accufation.

Or comment eft-il poffible, ont dit avec effroi le
plus fimples Citoyens revenus à eux-mêmes, que l
pere ait fubi un fupplice horrible fur une accufation
fur laquelle les autres Accufés font abfous, lorfque
le pere, la mere, le fils, le jeune étranger, ont perfé
véramment & unanimement foutenu ne s'être jamais
quittés les uns les autres pendant tout le tems imputé
au prétendu parricide? Comment, ajoutoit-on, l'un
a-t-il pu être coupable, fi fur un fait indivifible & dans
lui-même & dans fa durée, les autres font jugés inno-
cens? & chacun baiffant la tête & fe renfermant trif-
tement dans l'intérieur de fa famille, a craint defor-
mais pour foi le funefte empire des indices & des con-
jectures.

Une découverte précieufe, & par malheur trop
tardive, a montré depuis le fupplice irréparable de
Calas, toute l'illufion de ces guides trompeurs. Une
lettre de Marc-Antoine, jufqu'alors inconnue, prouve
fon Proteftantifme, détruit tout l'édifice de l'accufation, & renverfe l'échafaud du pere.

On fe rappelle que Donat, l'un des enfans, étoit
dans une maifon de commerce à Nimes. Il demandoit
de nouveaux fecours à fon pere par la médiation de
fon ainé; & de fon côté Louis, devenu Catholique,
vouloit troûver dans ce titre un droit à une penfion

lus forte (*a*) que ne permettoient les foibles facultés de
on pere. Ce fut à ce fujet que Marc-Antoine écrivît
e 18 Janvier 1761 au fieur Cazeing de Nîmes, fon
mi, en ces termes : « Tu trouveras incluſe une lettre
» pour mon frere (Donat), que je te prie de lui re-
» mettre cachetée, après l'avoir lue. Aide-le, je te
» prie, de tes confeils. JE PARLERAI A MON PERE
» POUR LUI, quoique nous foyons dans une circonf-
» tance critique, puifque nous reffentons beaucoup la
» mifere du tems, ET DE L'AUTRE, NOTRE DESER-
» TEUR NOUS TRACASSE, IL VEUT FAIRE CON-
» TRIBUER, ET IL AGIT PAR LA FORCE ; CECI
» SOIT DIT ENTRE NOUS ».

On voit par cette lettre importante, d'un côté les
bontés du pere pour Marc-Antoine, puifqu'il l'inf-
truifoit du fecret de fon commerce, & que cet aîné
étoit employé comme médiateur & interceffeur au-
prés du pere commun ; d'un autre côté, le Proteftantifme ferme & décidé de ce fils, prouvé par la maniere dont il s'exprime fur fon frere Catholique. Cependant avant comme après cette lettre, il affiftoit dans
nos Temples à des fermons d'une morale intéreffante,
à des cérémonies qui l'invitoient par l'attrait de la mufique. Donc toutes les induétions tirées de ces aétes
équivoques tombent, tandis que l'argument tiré du
défaut de Confeffeurs, d'inftruétions & de livres catholiques, conferve toute fa force, & renverfe radi-
calement l'abjuration prétendue.

(*a*) Il avoit 400 l. que chacun des autres enfans en eût eu autant, ces
penfions auroient monté à 2400 liv. autant pour les pere & mere ; cela
auroit fait de net, déduétion de tous impôts & charges, 4800 liv. par
an. Or le fieur Calas n'avoit pas à beaucoup près des facultés fi fortes.

Long-tems la dame Calas s'est trouvée hors d'éta
de s'adresser à des Conseils, faute de pouvoir joindre
à son exposé les Arrêts dont elle se plaint. Elle le
avoit envain demandés, le terme fatal du pourvoi au
près du Trône s'avançoit tous les jours, l'échafaud &
le bucher de son mari étoient ses seuls titres. La jus
tice de M. le Chancelier & celle de M. le Président
de Pegueirolles viennent enfin de lui procurer ces tris
tes monumens, par lesquels elle peut appuyer aujour-
d'hui la vérité de cette exposition qu'elle est prête de
sceller de son sang.

D'après cette exposition elle demande aux Con
seils :

1°. Si l'on peut condamner sur des indices dans
une accusation de parricide.

2°. Si, en supposant qu'on le puisse, le sieur Calas a
pu l'être sur les indices ci-dessus exposés.

3°. Si l'instruction de l'affaire, l'inconciliabilité des
Arrêts, & les autres circonstances, présentent quel
ques voies de droit pour se pourvoir auprès de S. M.

4°. Quelles peuvent être ces voies.

Signé, ANNE-ROSE CABIBEL CALAS , *pour moi &
mes enfans, suivant leurs pouvoirs.*

CONSULTATION.

CONSULTATION.

LE Conseil soussigné, qui a vu le Mémoire ci-dessus, les Imprimés annoncés dans le commence-
ment du Mémoire, & l'expédition des trois Arrêts de
la Tournelle de Toulouse, des 5 Décembre 1761, 9 &
18 Mars 1762, sur la premiere question, si l'on peut
condamner sur des indices dans une accusation de parricide, est d'avis qu'on ne le peut.

Une des plus importantes questions qui ayent été
agitées parmi les Jurisconsultes, est la question de sça-
voir si l'on peut condamner sur des indices dans les cas
ordinaires.

Julius Clarus *, célebre Jurisconsulte de Milan, ex-   * Prax. crim.
pose dans le plus grand jour les combats des Crimina- lib. 5. §. fin.
listes sur ce point. Les uns, dit-il, s'opposent purement quest. 20. n. 5.
& simplement à ce qu'on admette les indices, même
indubitables, pour condamner en matiere criminelle ; les autres le permettent, mais seulement dans
les genres de crimes qui n'entrainent qu'une peine pé-
cuniaire. Si d'autres les admettent pour d'autres crimes,
ils le font avec tant de restrictions & de modifications,
que la dignité de notre nature & la sûreté de notre être
n'en sont point blessées. C'est ainsi que les plus rigou-
reux des Criminalistes exigent, pour la torture seule,
qu'il concoure au moins avec les indices un témoin *de
visu.* C'est ainsi encore que mettant les indices en oppo-
sition entr'eux, ils les anéantissent par des indices contraires. Enfin non-seulement des indices, mais des consi-

fidérations les détruifent ; le fang , l'affinité, la probité, l'âge fuffilent pour les diffiper. *Sanguine*, nous dit M. Dargentré, *affinitate,ætate, probitatis opinione eruuntur.*

Malgré ces fages modifications qui femblent faire cef-fer tout le danger des indices, la plus commune opinion des Jurifconfultes a été qu'on ne devoit pas affeoir fur eux SEULS un Jugement en matiere criminelle. Un an-cien * Criminalifte rapporte ce réfultat, fi honorable à l'humanité, d'une affemblée des Docteurs d'Italie tenue à Boulogne , fur la queftion de la force des indices en matiere criminelle. Ils conclurent unanimement qu'au-cun homme ne pouvoit être condamné *ex indiciis etiam indubitatis.*

Mais lors même que quelques Jurifconfultes ont cru qu'on pouvoit fur des indices affeoir des Jugemens, qu'ont-ils entendu par des indices? Sont-ce de ces con-jectures vagues & arbitraires, qui peuvent s'appliquer avec une égale facilité à des faits différens ? Sont-ce de ces glaives à deux tranchans qui peuvent également ou frapper l'Accufé, ou repouffer l'Accufateur ? Sont-ce de ces vraifemblances incertaines ,·de ces rapports éloignés , fur lefquels l'efprit de fyftême fonde tout en-femble, l'accufation & les preuves d'un délit qui a pu n'exifter pas? Non. Les Loix ne fe jouent point de la vie des hommes. On a entendu par indices en ce cas une induction telle qu'elle foit INDUBITABLE * , qu'il en réfulte par une conféquence NECESSAIRE que les accufes ont commis le crime, & qu'il eft IMPOSSIBLE qu'ils ne l'ayent pas commis , *ut res aliter fe habere non*

* Jul. Clar. Pr act. crim.iñ. 5. §. fin, q 20. n. . Bornier, f r le tit. 19 de l'Ordonnance de 1670. art.1.

(a) Albericus, qu'on a appelé *fummæ autoritatis vir & magnus Prati-cus , Tractatus malef. tit. de præf. & indic. indub. q. 1.*

poffit. Il faut, nous dit la Loi derniere, *Cod. de prob.* qu'il réfulte des indices une lumiere plus claire que le jour, une preuve qui ne puiffe laiffer aucun doute dans l'efprit du Juge. *Ut res fit indiciis ad probationem indubitatis, & luce clarioribus expedita.*

Et lorfqu'on parle d'indices indubitables, ce n'eft point à nos efprits que la Loi a laiffé le foin de difcerner s'ils peuvent être regardés comme tels. Ellemême a pris foin de les fixer. On appelle indices INDUBITABLES, nous difent les Jurifconfultes, ceux qui font approuvés par la Loi, & fur lefquels ELLE VEUT qu'on condamne (*a*).

Parmi nous les indices font réprouvés pour affeoir SEULS un Jugement de condamnation. Charlemagne, S. Louis & Louis le Grand ont été fur ce point les défenfeurs de l'humanité ; & c'eft à ces noms auguftes que le Citoyen, libre fous l'empire de la Loi, doit parmi nous la certitude d'exifter fans craintes & fans dangers.

Le 186e Capitulaire de Charlemagne, au livre 7, s'exprime ainfi : « qu'un Juge (*b*) ne condamne jamais » qui que ce foit, fans être sûr de la juftice de fon Juge- » ment ; qu'il ne décide jamais de la vie des hommes

---

(*a*) *Indicia* * *indubitata funt ea* QUÆ A LEGE APPROBATA SUNT, *& vult per ea fieri condemnationem Non poteft quis condemnari* EX PRESUMPTIONIBUS HOMINIS, SED LEGIS.

* Addit. de Jul. Clar. q. 20. n. 9. 10.

(*b*) Nullus quemquam ante juftum judicium damnet, nullam fufpicionis arbitrio judicet. Prius quidem probet & fic judicet ; NON ENIM QUI ACCUSATUR, SED QUI CONVINCITUR, REUS EST. Peffimum namque & periculofum eft quemquam de fufpicione judicare. In ambiguis Dei judicio refervetur fententia. Quod certe agnofcunt, fuo, quod nefciunt, divino refervent judicio, quoniam non poteft humano condemnari examine quem Deus fuo judicio refervavit.

* Cap. Car. Mag. lib. 7. c. 186.

Gij

» par des préfomptions; qu'il voye la preuve claire,
» & après cela qu'il juge. CE N'EST PAS CELUI QUI
» EST ACCUSE' QU'IL FAUT CONSIDERER COMME
» COUPABLE, C'EST CELUI QUI EST CONVAINCU.
» Il n'y a rien de fi dangereux ni de fi injufte au mon-
» de, que de hafarder à juger fur des conjectures.
» Toutes ces fortes d'affaires, où la preuve confifte
» en indices, & ne va qu'à former un doute, doivent
» être réfervées au fouverain Jugement de Dieu, &
» les hommes doivent fçavoir que toutes fois & quan-
» tes qu'il n'a pas voulu leur donner le parfait éclair-
» ciffement d'un crime, c'eft une marque qu'il n'a pas
» voulu les en faire Juges, & qu'il en a réfervé la dé-
» cifion à fon Tribunal ».

S. Louis, dans fon Ordonnance de 1254, ne veut
pas que la dépofition d'un feul témoin même *de vifu,*
puiffe donner lieu d'appliquer à la queftion *les perfonnes de bonne renommée, même pauvres,* parce qu'elle ne
peut faire qu'un indice contr'elles, & qu'un indice ne
fuffit pas pour y condamner (*a*).

L'Ordonnance criminelle, loin de permettre d'affeoir un Jugement de mort fur des indices, ne permet
même la queftion que dans le concours de ces trois
cas : « qu'il y ait un crime qui mérite peine de
» mort; que ce crime foit conftant; & QU'IL Y AIT
» PREUVE CONSIDE'RABLE CONTRE L'ACCUSE'. „
Sur ces mots PREUVE CONSIDE'RABLE, les Crimina-
liftes nous difent, conformément à l'Ordonnance de
S. Louis, « qu'il faut tenir pour conftant qu'un Accufé

(*a*) *Perfonas honeftas vel bonæ famæ, etiamfi fint pauperes, AD DICTUM
TESTIS UNICI fubjici tormentis vel quæftionibus inhibemus, ne ob metum,
falfum confiteri, vel fuam vexationem redimere compellantur.*

» ne peut être appliqué à la queftion, s'il n'y a des in-
» dices preffans contre lui; qu'un feul indice ne fuffit
» point, ni la dépofition d'UN SEUL témoin, SI PRE-
» CISE QU'ELLE SOIT, fi elle n'eft accompagnée d'au-
» tres indices; que la confeffion SEULE de l'un des
» Accufés ne fuffit pas pour condamner les autres Ac-
» cufés du même crime à la queftion ».

Et fi l'on demande fi les Loix ont donc voulu en-
courager au crime par l'efpérance de l'impunité, on
répondra que nos auguftes Légiflateurs ont pefé la vie
& l'honneur de leurs Sujets; qu'ils n'ont pas cru que
des préfomptions fuffifent pour les leur ravir; qu'il
vaut mieux que quelques coupables échappent à la
Juftice humaine, que de voir fur nos échaffauts des
Langlade & des Lebrun, & qu'une vie ignominieu-
ment arrachée à un innocent, ne fe rachete point par
la réhabilitation de fa mémoire, par les larmes de fes
Juges, par les regrets qui troublent leur ame, & qui
les fuivent jufqu'au tombeau.

S'il en eft ainfi dans les crimes ordinaires, quel en-
nemi des hommes oferoit dire qu'on puiffe admettre les
indices comme pouvant SEULS conduire à la mort fur
une accufation de parricide ?

Sur une queftion qui eft plus de fentiment que de
Jurifprudence, il faut entendre avec quelle force,
avec quel refpeét pour la Nature humaine, l'Orateur Romain repouffe les conjeétures & les indices,
en défendant contre le redoutable Sylla, Rofcius
Amerinus accufé de parricide. « Pour un crime (a),

(a) In hoc tanto, tam atroci, tam fingulari maleficio, quod ita raro
extitit, ut fi quando auditum fit, portenti ac prodigii fimile numeretur,
quibus tandem te argumentis accufatorem cenfes uti oportere? Nonne

» dit - il, si grand, si atroce, si singulier, qui est
» si rare, que s'il y en a jamais eu des exemples, ils ont
» été regardés comme un prodige ; quelles preuves
» ne faut-il pas avoir ? Il faut pour fondement de cette
» accusation, prouver avant tout contre celui qu'on pré-
» tend convaincre de ce forfait, qu'il a fait paroître
» dans le cours de sa vie une audace singuliere, des
» mœurs féroces, un naturel barbare, un fond d'éga-
» rement & de fureur ; alors seulement vous pouvez
» écouter des témoins ; autrement il n'est pas possible
» de croire un fait si horrible, si atroce, si épouvanta-
» ble. Car quelle n'est point la force de l'humanité &
» de la voix du sang ? La nature reclame & ne souffre
» pas qu'on croye que, par un prodige effroyable, une
» créature qui a la figure humaine, ait tellement sur-
» passé en fureur les bêtes les plus féroces, qu'elle ait
» pu ôter le jour à celui de qui elle l'avoit reçu (ou à
» qui elle l'avoit donné.) Il faut, dit-il encore, pour
» le même accusé, que les Juges ayent vu eux-mêmes
» ses mains teintes du sang de son pere, pour le croire
» coupable d'un forfait si horrible. *Resperfas manus*

audaciam ejus, qui in crimen vocetur, singularem ostendere, & mores fe-
roces immanesque, naturam & vitam vitiis flagitiisque omnibus deditam, &
denique omnia ad perniciem profligata atque perdita... in quo scelere etiam
cum multæ causæ (indices) convenisse unum in locum atque inter se con-
gruere videntur, tamen non temere creditur, neque levi conjecturâ res pen-
ditur, neque testis incertus auditur, neque accusatoris ingenio res judica-
tur. Cum multa commissa maleficia, tum vita hominis perditissima, tum
singularis audacia ostendatur necesse est, neque audacia solum, sed sum-
mus furor atque amentia.... quæ nisi multa & manifesta sunt, profecto
res tam scelesta, tam atrox, tam nefaria, credi non potest. Magna est
enim vis humanitatis. Multum valet communio sanguinis, reclamitat istius
modi suspicionibus ipsa Natura. Portentum atque monstrum certissimum
est, esse aliquem humanâ specie & figurâ qui tantum immanitate bestias
vicerit, ut propter quos hanc suavissimam lucem aspexerit, eos indignis-
sime luce privarit.... cum etiam feras inter sese partus atque educatio
& natura ipsa conciliet.

» *sanguiñe patris, Judices viderint oportet, si tantum fa-*
» *cinus, tam immane, créditur isint* ».

Ce même Orateur, louant dans le même discours le
sage silence des loix d'Athenes sur le parricide, dit
qu'en ne prononçant pas de peine contre lui, elles vou-
lurent par-là ne pas même avertir les hommes qu'il fût
possible de le commettre (*a*).

Les Loix Romaines aussi sages que celles d'Athenes,
aussi justes envers l'humanité, ont rejetté toutes les
vraisemblances, ont admis toute autre supposition, plu-
tôt que de se prêter à l'idée de la possibilité d'un parricide. Qu'un pere ait frappé son fils avec dureté, avec
fureur, la Loi appelle ces traitemens cruels, une cor-
rection paternelle (*b*). Qu'un pere accusé d'avoir
tué son fils se soit donné la mort dans le cours de
l'instruction, cet indice accablant est changé par la Loi
en un témoignage honorable de la douleur du pere sur
la mort de son fils; le Fisc auquel appartenoient les
biens d'un Accusé qui se tuoit pendant l'instruction, ne
profitera point de sa dépouille, & ces Loix si fiscales,
si empressées de conquérir aux Empereurs les fortunes
des plus riches Citoyens, cedent pour cette fois à une
présomption dictée par le vœu de la nature (*c*). Que
des enfans * soient trouvés endormis aux deux côtés
de leur pere assassiné, les portes étant fermées, sans aucuns indices ni contre des domestiques, ni contre des

*Menochius;
q. 11. n. 6.

(*a*) *Sapienter fecisse dicitur* (Solon) *cum de eo nihil sanxerit, ne non tam*
prohibere quam aumonere videretur.

(*b*) *Si quid in filium commisit pater, id correctionis emendationisque gratiâ*
admisisse præsumatur. Loi premiere, *Cod de emena. prop.*

(*c*) *Videri* * *autem & patrem qui sibi manus intulisset quoa videretur filium*
suum occidisse, magis dolore filii amissi mortem sibi irrogasse, & ideo bona ejus
non esse publicanda.

* Loi 3. §.
5. ff. de bonis
eorum qui ante
sententiam mor-
tem sibi consci-
verunt.

étrangers, tous soupçons, toutes conjectures, toutes vraisemblances s'évanouissent devant leur sommeil; Rome les absout, & trouve dans ce sommeil la certitude de leur innocence.

Il est donc certain que les seuls indices ne peuvent faire prononcer la mort d'un Citoyen, bien moins encore celle d'un pere accusé d'avoir trempé ses mains dans le sang de son fils. Le témoignage des Jurisconsultes, celui des Loix d'Athenes & de Rome, les Ordonnances émanées de nos plus grands Rois, écartent loin de nous cet outrage, & nous répondent que rien d'arbitraire ne peut attenter à notre existence. Qu'on ne s'étonne pas si nous nous sommes attachés à mettre ici dans un si grand jour, le vrai degré de force des indices en matiere criminelle. Ces notions précieuses font le titre de tous les Accusés, le recueil des droits & de la dignité de notre nature, la sauve-garde de notre être, le code de l'humanité.

SECONDE QUESTION.

Sur la seconde question, si en supposant qu'on pût condamner sur des indices en accusation de parricide, le sieur Calas a pu l'être sur les indices ci-dessus exposés.

Le Conseil répond que cette question peut être considérée, ou comme tendante à faire décider du mérite des indices en eux-mêmes, ou comme tendante à soumettre à l'examen des Jurisconsultes la justice intrinseque des Arrêts dont il s'agit.

Si l'on demande seulement leur Jugement sur le mérite des indices en eux-mêmes, ils estiment que ces

indices,

indices, tèls qu'ils font préfentés dans les Mémoires (*a*)
imprimés, avec les réponfes qu'on leur oppofe, n'ont
ni pû ni du opérer une condamnation de mort, bien
moins encore lorfque fur un fait indivifible l'un des
Accufés eft fupplicié, & les autres traités en innocens
(fuivant le ftile de la Tournelle de Touloufe), ou tout
au moins en Accufés qu'on n'a pu trouver coupables,
ce qui laiffe toujours à l'argument fa force invincible.

Si la queftion a pour objet de demander l'avis des Jurifconfultes fur la Juftice intrinfeque des Arrêts, ils n'ont
rien à répondre à ce fujet. Les Magiftrats fupérieurs,
placés entre le Souverain & les Sujets, doivent partager
avec la Loi dont ils font les Miniftres, l'obéiffance & le
refpeĉt qui lui font dùs, loin d'avoir à défendre au Tribunal de chaque citoyen la juftice des Arrêts qu'ils ont cru
devoir rendre. Mais comme il eft impoffible, malgré
la pureté de leurs vûes & la droiture de leur ame, que
ces Jugemens refpeĉtables ne fe reffentent quelquefois
des erreurs de l'humanité, nos Loix ont établi des formes, dont l'inobfervation donne lieu de fe pourvoir
contr'eux ; œconomie heureufe qui concilie tout-à-la-
fois ce qui eft dù à la dignité de leurs Jugemens, & aux
malheurs du citoyen qui en fouffre. S'il eft pardonnable
à une mere, à des enfans pleins de leur douleur, de ra-
mener toujours les chofes à l'objet qui les touche de fi
près, des Jurifconfultes éclairés fçavent qu'ils doivent
au contraire toujours préfumer les Arrêts juftes, &
que leur miniftere fe borne à examiner s'ils font tel-

(*a*) Il eût été à fouhaiter d'avoir la Procédure entiere fous les yeux. On
auroit répondu à la Confultation avec plus de précifion & d'affurance ; on
s'eft arrêté à ce qui peut être regardé comme conftant, ayant été foutenu
& imprimé a Touloufe par des Avocats au Parlement, fous les yeux de
cette Cour.

H b

lement rendus qu'il n'y ait aucune voie légale de les faire rétracter ; examen qui peut fe faire fans qu'il foit befoin de difcuter leur juftice intrinfeque. C'eft fous ce point de vue que le Confeil fouffigné va les confidé-rer, en répondant à la troifieme queftion du Mémoire.

TROISIEME QUESTION.

Sur la troifieme queftion, fi l'inftruction de l'affaire, l'inconciliabilité des Jugemens , & les circonftances, préfentent quelque voie de droit pour fe pourvoir au-près de Sa Majefté.

Le Confeil répond qu'elles en préfentent.

On peut divifer en trois époques tout ce qui con-cerne cette affaire.

PREMIERE ÉPOQUE.

Du 13 Octobre 1761 au Jugement définitif des Capitouls.

Tout eft plein de nullités & de vices dans cette partie de l'affaire. Nous ne nous arrêterons ici qu'à relever les plus frappans.

L'Ordonnance de 1670 *, porte : « Les Juges » drefferont, *fur-le-champ & fans déplacer*, procès-ver-» bal DE L'ETAT auquel feront trouvées les perfon-» nes bleffées ou le corps mort, enfemble DU LIEU » où le délit aura été commis, ET DE TOUT ce qui » peut fervir pour la décharge ou la conviction.

* Tit. 4. art. 1.

Cet article a été négligé en trois manieres.

1°. Parce qu'on n'a point dreffé procès-verbal, *fur-le-champ & fans déplacer*, DE L'ETAT du corps mort. Il y a requête en infcription de faux contre le procès-verbal. 2°. Parce qu'on n'a pas dreffé procès-

verbal DU LIEU où le délit prétendu a été commis.
3°. Parce qu'on n'a pas porté dans le procès-verbal
*TOUT ce qui peut servir pour LA DÉCHARGE OU
LA CONVICTION.* On n'a décrit ni l'état du linge,
des cheveux, des habits, du cadavre de Marc-Antoine,
ni ses livres & papiers (objet cependant si important,
puisque tout le Procès rouloit sur sa croyance), ni la
douleur & l'état des Accusés, ni rien en un mot de ce
qui pouvoit porter la lumiere sur le véritable genre de
sa mort ; & les choses se sont passées avec tant d'irrégularité & de précipitation , que le lendemain on
voyoit traîner dans le magasin la corde & le billot,
ces pieces de conviction si nécessaires.

Or cette nullité est très-grave, 1°. parce qu'elle est
irréparable ; 2°. parce qu'elle enleve des moyens dé-
cisifs à des Accusés privés de toute autre défense, de
toute communication , de tout conseil , chargés de
fers, précipités dans des cachots. Une loi qui n'eût pas
ordonné d'informer *A DECHARGE COMME A CON-
VICTION* , eût été une loi barbare , attentatoire à la
vie des citoyens. Que sera - ce donc de n'avoir pas
suivi une loi juste & sage qui veilloit pour eux ?

Une autre irrégularité non moins forte , consiste en ce
que le Médecin, les deux Chirurgiens qui ont fait le
premier rapport, le Chirurgien Lamarque qui a fait
le second, auroient dû être recollés & confrontés aux
Accusés, & ne l'ont point été. Ces recollemens & confrontations sont de regle indispensable au Parlement(*a*)

_____

(*a*) Arrêt du 25 Avril 1752 entre Me Palhols & les sieur & demoiselle
Domergue, par lequel ces recollemens & confrontations furent ordon-
nés.

de Touloufe. Ils font fondés fur la doctrine des Interpretes & des Jurifconfultes, fur l'efprit de la loi, fur le texte de l'Ordonnance. En deux endroits différens l'Ordonnance * affimile les Experts aux Témoins; elle veut « qu'ils foient répétés féparément en leur » rapport, recollés & confrontés *ainfi que* LES AU- » TRES *témoins*; expreffion par laquelle cette loi, qui ne dit rien en vain, fait manifeftement entendre que les Experts deviennent témoins par les regles de leur art, comme les autres hommes le font par le miniftere de l'ouie ou de la vue. Il eft même d'autant plus jufte de les recoller & confronter, qu'il y a toujours dans leurs rapports plufieurs parties conjecturales qui peuvent fe rectifier dans un recollement, être expliquées, combattues ou détruites dans une confrontation. Si les Capitouls ont cru pouvoir négliger ces formes précieufes, du moins ils n'auroient pas dû fe livrer à des irrégularités toutes contraires. N'y avoit-il dans Touloufe qu'un Chirurgien ignorant qui pût rendre un jugement médical fur les regles phyfiques de la digeftion ? N'y avoit-il fur la poffibilité ou impoffibilité locale du fuicide, que le Bourreau qui pût fervir d'expert ?

* Tit. 8. art. 12. tit. 9. art. 16.

Une troifieme irrégularité réfulte d'une autre difpofition de l'Ordonnance non obfervée. Le tit. 9. art. 10. porte : « Après qu'un accufé pris en flagrant délit ou » à la clameur publique, aura été conduit prifonnier, » le Juge ordonnera qu'il fera arrêté & écroué, & » l'écroue lui fera fignifié parlant à fa perfonne. Ainfi il n'y a que deux cas qui permettent d'arrêter fans decret, *le flagrant délit & la clameur publique*; & par clameur publique on entend ce cri qui pourfuit un coupable s'enfuyant dans les rues, se cachant dans les maisons, ou trouvé dans une situation, dans une attitude voisine du crime. Or, rien ici de semblable ; car peut-on appeller clameur publique un soupçon échappé du milieu d'une vile populace, & dont on n'a jamais pu trouver l'auteur ? Supposons cependant qu'on pût appliquer cette expression au pere, à la mere, au fils, pouvoit-elle porter sur cette servante d'une piété exemplaire, sur cette Catholique zélée, qui eût été plûtôt leur dénonciatrice que leur complice ? Pouvoit-elle porter sur le jeune Lavaysse que la populace ignoroit d'abord avoir soupé avec eux, que les Gardes mêmes repousserent de l'entrée de la maison, lorsqu'il revint avec l'Assesseur Monier ? Cependant on les arrête, on les emprisonne d'abord, on les décrete ensuite, au lieu de les laisser dans leur véritable classe de témoins ; précipitation malheureuse, qui peut-être a conduit Calas au supplice, & c'est ce qui doit rendre cette nullité plus frappante aux yeux de Magistrats humains, qui par-là se convaincront de plus en plus qu'on ne s'écarte jamais sans danger des formes de la Loi.

Que de-là on porte les yeux sur le Monitoire, sur la question ordonnée, sur l'inhumation & le mausolée de Marc-Antoine, sur la non recusation des Juges ; tous ces faits augmentent l'attendrissement & les moyens de défense en faveur d'une famille accablée par tant de malheurs.

Il est incontestable d'abord qu'un Monitoire accordé par un Grand Vicaire, est nul dans la forme. L'Annotateur * de Fevret, Lacombe *, l'Auteur des Mémoires du Clergé*, observent unanimement que, suivant les

* Tom. 2. p. 24.
* Dict. Can. p. 418.
* Tome 7. p. 1040, 1041.

Ordonnances du Royaume, le pouvoir d'accorder des Monitoires appartient aux feuls Officiaux, & c'eſt auſſi ce qui réſulte du Titre VII entier de l'Ordonnance Criminelle.

Mais au fond ce Monitoire ne peut ſoutenir les regards de la Juſtice, tant il eſt évidemment contraire à l'objet même de ſon inſtitution. Cet objet eſt d'acquérirr des preuves (a) aux délits, & non de faire des coupables; de forcer la vérité qui ſe cache, & non d'exciter ſur des citoyens la haine & l'indignation publiques. « Les perſonnes ne pourront être NOMMÉES, » NI DESIGNÉES, par les Monitoires, nous dit la » Loi, à peine de 100 livres d'amende contre la Partie, & de plus grande s'il y échet. Or ici, non-ſeulement on déſigne les Accuſés de la maniere la plus injurieuſe, mais on va juſqu'à ſuppoſer une aſſemblée ſanguinaire dont perſonne n'a dépoſé, juſqu'à détailler des circonſtances abſurdes d'un parricide imaginaire, telles que celles d'avoir *fait mettre Marc - Antoine à genoux* pour l'étrangler; on va juſqu'à choiſir de trois crimes poſſibles le moins vraiſemblable & le plus atroce. C'eſt ce crime ſeul qu'on préſente aux peuples comme le véritable crime commis; c'eſt ſur lui ſeul qu'on tourne les idées du Public; c'eſt ſur lui ſeul qu'on invoque des dépoſitions; c'eſt par cette ſuppoſition injuſte qu'on arrache aux Accuſés leurs témoins, qu'on leur ravit les ſecours d'une légitime défenſe.

A l'égard de la queſtion ordonnée par les Capitouls, elle bleſſoit encore ouvertement la Loi. La queſtion ne peut être prononcée*que dans le concours

* Ordon. tit. 7. art. 4.

* Ordon. tit. 19. art. 1.

(a) Ils s'accordent, nous diſent Sotus & Navarre, *in ſubſidium, & quando veritas alio modo haberi non poteſt.*

de ces trois cas, qu'il *y ait preuve confidérable , d'un crime qui mérite peine de mort , & qui foit conftant.* Or ici il n'y avoit pas de *CRIME CONSTANT qui MERITAT PEINE DE MORT* , fi ce crime étoit un fuicide ; il n'y avoit pas *PREUVE CONSIDERABLE* , puifqu'on a abfous les co-Accufés , & que la Tournelle a prononcé le 5 Décembre 1761 une continuation d'information. La Loi n'ordonnoit donc pas la queftion ; les Juges qui n'ont fur leurs femblables que l'empire de la Loi, pouvoient-ils l'ordonner ?

Mais de quel nom appellera-t-on cette inhumation pompeufe, ce triomphe funebre, par lequel on décernoit la palme du martyre à un fuicide, qui éprouvoit peut-être alors les châtimens d'un Dieu vengeur, à un homme dont la croyance même formoit la queftion, & devoit fi fort influer fur le fort des Accufés ?

Quel martyr qu'un homme fombre & féroce, livré tour-à-tour, ou aux defordres de fon ame, ou à ceux de fes fens ! Quel martyr que celui qui, au lieu de livres d'inftructions & de prieres, au lieu de Cathéchiftes & de Confeffeurs, ne fe formoit qu'aux horribles leçons des maîtres du fuicide, qui la veille de fes prétendues abjuration & communion, paffe fon après-midi dans un billard, à rifquer ou à perdre l'argent confié par fon pere, qui enfin n'annonce fa converfion à une jeune fille qu'avec ces expreffions fales & groffieres dont le vice même rougit de faire ufage !

Suppofons-lui cependant cette difpofition prochaine au Catholicifme, qu'il y a loin encore du veftibule au fanctuaire, de l'état humble & probatoire du Cathécumene à cet état d'Exaltation & de gloire que l'Eglife

décerne à ſes Confeſſeurs & à ſes Martyrs ! Elle re-
tranchoit autrefois, par la bouche du Diacre, les Ca-
théchumenes de la ſeule aſſiſtance aux ſaints Myſteres ;
& lorſqu'un Paſteur, inſtruit de cette ſévérité ſainte,
ſe refuſoit à une cérémonie ſi téméraire, ſi odieuſe,
par quel motif des Officiers, qui ſe réſervoient à être
Juges, preſſoient-ils ainſi, ſans néceſſité, ſans utilité
réelle, une pompe ſanguinaire, qui ne pouvoit que porter les eſprits vers l'idée d'un parricide ? Ne ſentoient-
ils pas qu'un tel ſpectacle (qu'il eût dépendu d'eux
d'empêcher, en faiſant faire une inhumation ſimple &
ſans éclat) ne pouvoit qu'enflammer de plus en plus
ce peuple, toujours extrême, qu'ils ont vû tantôt crier
au parricide, & tantôt répandre des larmes ſur celui
que ſes premieres clameurs conduiſoient au ſupplice ?
Ne voyoient-ils pas enfin qu'ils étouffoient par là les
voix timides & foibles qui auroient dépoſé pour les
Accuſés, & qu'ainſi ils élevoient eux-mêmes ſur les dé-
bris du Mauſolée du fils l'échafaud du pere ?

Ces Capitouls devoient du moins ſe récuſer, ayant
préjugé par cette pompe ce qui étoit à juger ; l'Ordonnance (a) le leur enjoignoit expreſſément, ſans qu'il fût
beſoin d'attendre la récuſation des Parties : ils étoient
donc des hommes privés aux yeux de la Loi lorſqu'ils
ont jugé leurs ſemblables, lorſqu'ils ont oſé les condamner à la queſtion ; & de-là quel puiſſant moyen contre
l'inſtruction des premiers Juges, dans laquelle à chaque pas l'équité & la Loi ſont bleſſées ?

(a) Tit. des Récuſations de l'Ordonnance Civile, article 17. « Tout
» Juge qui ſçaura cauſes valables de récuſation en ſa perſonne, ſera tenu,
» ſans attendre qu'elles ſoient propoſées, d'en faire ſa déclaration ».

SECONDE

SECONDE ÉPOQUE

Comprenant ce qui s'est passé sur l'appel & l'Arrêt contre le pere.

Cette seconde époque présente quatre vices essentiels, dont les personnes les moins instruites des formes sentiront toute la force.

Le premier est de n'avoir pas cassé toute la procédure faite par les premiers Juges, infectée des nullités les plus frappantes : par-là toutes ces nullités deviennent propres à l'Arrêt même, qui, au lieu d'être rendu sur une telle procédure, auroit dû la détruire.

Un second vice a été de ne pas faire instruire *à décharge comme à charge* : la Loi y est formelle ; eh ! faut-il une Loi pour une vérité de sentiment qui est dans tous les cœurs ? Il falloit vérifier l'état de la porte , trop haute selon les uns , trop basse selon les autres (car voilà jusqu'à quelles contradictions on s'est porté), pour avoir été le théâtre d'un suicide. Il falloit ordonner un nouveau monitoire, puisque le premier (irrégulier d'ailleurs|dans la forme de sa concession) étoit manifestement à la seule *charge* des Accusés. Il falloit faire entendre le témoin indiqué par Me Challier , ce témoin si important sur le Protestantisme de Marc-Antoine : les Srs *Gounon* & *Cazals*, Secrétaires en la Chancellerie de Toulouse , dont le premier disoit tenir de l'autre la prétendue assemblée du 13 Octobre, dont le second nioit l'avoir dit : la femme *Bou* & ses deux garçons, Catholiques , qui auroient démenti le témoin

I b

(unique) *Cazeres*. Ne devoit-on pas auffi obliger la nommée *Mandrille* de déclarer *dans quelle maifon elle achetoit*, lorfqu'elle prétend avoir entendu *une femme inconnue* parlant de l'affaffinat de Marc-Antoine, fuivre la trace de cette dépofition, & travailler ainfi, ou pour des Accufés indéfendus, ou pour la vengeance publique? Il eft encore bien d'autres points fur lefquels cette regle d'équité n'a pas été fuivie.

Un troifieme vice a été de ne pas admettre *les faits juftificatifs*. Leur admiffion n'eft point de pure faculté de la part des Juges; elle eft de Droit, elle eft de devoir. Eh quoi! un malheureux Accufé qui a fouffert dans les fers une inftruction rigoureufe; qu'on a privé de toute communication au - dehors; qu'on a obligé de propofer fur le champ, avant la lecture de la dépofition, fes reproches contre des témoins fouvent inconnu, feroit-il donc traîné à la mort fans pouvoir élever la voix, fans pouvoir du moins faire écouter fes preuves & fes moyens? Connoiffons mieux nos Loix. Tout le Titre * *des faits juftificatifs* fuppofe dans le Juge la néceffité de les admettre, ou du moins de *faire droit fur eux*, en mettant dans le Jugement définitif une difpofition qui les déclare inadmiffibles, s'ils lui paroiffent l'être. Les articles 20 de l'Ordonnance du mois d'Août 1536, & 158 de l'Ordonnance de 1539, y font encore plus exprès. Suivant ces articles, « le Juge *eft obligé*, en voyant le Procès, de » faire extrait des faits recevables, fi aucuns y a, *A LA* » *DÉCHARGE DE L'ACCUSÉ*, *foit pour juftification* » *ou reproche*, & de les montrer au prifonnier, pour

* Ordon. Cr. tit. 15. art. 19. & 20.

* Ordonnance, tit. des faits juftificat. art. 2. 3. 4.

» nommer témoins *AUX FINS DE LA PREUVE D'I-*
» *CEUX* ». Par cela feul, que des faits juftificatifs font
préfentés avec offre d'en faire preuve, ils deviennent
une demande fur laquelle il faut *faire droit*, ou en les
admettant, ou en prononçant par, *fans y avoir égard;*
fans quoi l'omiffion d'y avoir ftatué, qui auroit été
un moyen de Requête civile en matiere civile, eft
moyen de révifion en matiere criminelle. Il y a donc
eu encore fur ce point des textes de Loi dont les dif-
pofitions n'ont pas été remplies.

Mais un quatrieme vice, fur lequel on ne peut trop
infifter, a été de priver les Accufés de deux témoins
néceffaires. Qu'on l'ait pû d'abord, c'eft ce qui s'ex-
cuferoit peut-être, parce que trouvés tous dans la même maifon, on a cru pouvoir les envelopper dans une
même accufation ; mais après une longue & rigoureufe
inftruction, une audition de plus de 150 témoins, des
monitoires *uniquement à charge*, fulminés avec le plus
terrible appareil, après cinq mois de cachots & de
fers, ne redevenoient-ils pas des témoins néceffaires,
dès qu'ils ne pouvoient être des coupables ? L'ordre
judiciaire, l'équité, l'humanité exigeoient donc qu'on
prononçât d'abord fur eux, afin de parvenir du plus
connu au moins connu, de leur innocence devenue
plus marquée à la recherche de l'innocence ou du crime des autres. C'eft ce qu'on s'eft abftenu de faire, &
de-là un fupplice trop promptement prononcé contre
un malheureux vieillard que la Loi ne condamnoit
pas, & à laquelle une prifon auroit fuffifamment con-
fervé fa victime.

Voilà de ces nullités qui n'empruntent rien de la

forme, que la raiſon ſeule établit, que la ſeule lumiere naturelle démontre, & que les Magiſtrats trouvent dans leurs cœurs autant que dans les Loix mêmes !

TROISIEME EPOQUE.

Renfermant ce qui a ſuivi l'Arrêt de mort prononcé contre le ſieur Calas.

Ce n'eſt pas ſans doute un moyen de Droit, que le courage, la piété, la fermeté du malheureux Calas dans les tourmens ; mais que la réclamation perpétuelle de ſon innocence devient puiſſante dans de telles circonſtances ! qu'elle appuye fortement des moyens qui ſe font déja ſentir ſi vivement par eux-mêmes ! car enfin comment donc meurent les inno-cens, ſi c'eſt ainſi que meurent les coupables ?

Mais un vrai moyen de Droit ſe tire de l'inconciliabilité des Arrêts ; ils deviennent eux-mêmes une preuve légale de l'innocence du pere. Car, ſuivant le ſtyle de la Tournelle de Toulouſe, & vû que le banniſſement de Pierre Calas n'a aucune proportion, aucun rapport avec le crime de parricide, on peut regarder les Accuſés comme pleinement abſous. Or comment concevra-t-on que de cinq Accuſés, dont quatre déclarent conſtamment, perſévéramment, & à la vûe de la queſtion, avoir été enſemble pendant tout le tems, dont le cinquieme déclare avec la même fermeté avoir * La cuiſine. toujours été dans la piece * voiſine, la porte ouverte, l'un puiſſe être parricide, & les quatre autres inno-cens, lorſque cette déclaration n'a été ni détruite, ni

affoiblie, ni même entamée, lorfqu'au contraire elle a
reçu de la piété, de la fermeté du malheureux Calas
dans les tourmens, la plus grande force qu'il foit donné
à la certitude humaine de pouvoir atteindre ?

A l'appui de ces moyens fe place la lettre de Marc-
Antoine nouvellement recouvrée. Cette lettre démontre l'amitié de fon pere pour lui, la confiance de ce
pere, le Proteftantifme du fils, fa fermeté dans fa Religion, fon jugement fur le changement de fon frere.
Or comme on expofe que long-tems avant cette lettre
il entendoit nos Prédicateurs, & affiftoit dans nos Temples à des cérémonies qui ne pouvoient compromettre
fa croyance, foit que l'excellence des difcours mo-
raux & l'attrait de la mufique l'y appellaffent, foit qu'il
méditât de fe procurer par-là un certificat de catholicité pour fa licence, toutes les inductions tirées de ces
actes, tombent ; celles réfultantes du défaut de livres,
d'inftructions, de Confeffeurs, de Catechiftes, de déclaration au Curé de la Paroiffe, acquierent une force
encore plus grande qu'elles n'avoient ; la probabilité
de fa prochaine abjuration étayée feulement par ces
actes équivoques, eft détruite, & cette fable, dont on
n'a pû connoître l'auteur, fe trouvant renverfée, entraîne dans fa chûte l'accufation toute entiere.

QUATRIEME QUESTION.

Sur la quatrieme Queftion quelles peuvent être les
voies de fe pourvoir ?

Le Confeil répond que ces voies font le pourvoi
en caffation, & la demande en révifion.

Le pourvoi en caffation a lieu contre les Arrêts dans lefquels il y a contravention à un texte d'Ordonnance ou de Coutume.

La demande en révifion a lieu en matiere criminelle contre les Arrêts, contre lefquels on fe croit fondé à implorer la Juftice du Roi, pour faire rendre un autre Jugement que celui qui eft intervenu.

Or par tout ce qu'on vient de dire, en répondant à la troifieme Queftion, il eft évident qu'il y a plufieurs nullités qui donnent lieu au pourvoi en caffation, & plufieurs circonftances frappantes, entr'autres la pompe de l'inhumation de Marc-Antoine, le Jugement du pere avant celui des deux témoins co-accufés, la non admiffion des faits juftificatifs, l'inconciliabilité des Arrêts, & la découverte de la Lettre du 18 Janvier 1761, qui donnent lieu à la demande en révifion.

Le Réglement du Confeil, titre 7. art. 2. permet de réunir ces deux voies. « La Requête (en revifion) » porte cet article, fera fignée d'un Avocat au Con- » feil, fans que le demandeur foit tenu de la faire figner » par deux anciens Avocats, ni affujetti à la configna- » tion ou condamnation d'amende, ni même aux dé- » lais prefcrits pour les demandes en caffation, *fi ce* » *n'eft toutefois qu'il eût conclu par la même Requête* » *à la caffation des Arrêts ou Jugemens rendus en der-* » *nier reffort dans le Procès dont il demandera la revi-* » *fion, auquel cas toutes les regles établies par le titre 4* » *au fujet des demandes en caffation, feront obfervées.*

La dame Calas peut donc fe préfenter au Confeil du Roi, avec la ferme efpérance de faire réhabiliter la mémoire de fon mari, & de voir adoucir fes malheurs.

L'intérêt de l'adminiſtration générale, la juſtice, l'humanité, la ſûreté de tous les Citoyens, lui répondent du ſuccès de ſa réclamation ; elle doit eſpérer de réunir les vœux même des Magiſtrats qui ont cru alors devoir prononcer ces Jugemens.

Délibéré à Paris le **23** *Août* **1762.** E L I E D E B E A U M O N T.

HUART.	DUCHASTEAU.
L'HERMINIER.	BIGOT DE SAINTE-
GILLET.	CROIX.
BOYS DE MAISON-	MOREAU.
NEUVE.	DANDASNE.
CELLIER.	REYMOND.
DE LAMBON.	THEVENOT D'ES-
MALLARD.	SAULE.
BOUCHER D'ARGIS.	DOILLOT.

E R R A T A.

Page 23. *ligne* 3. *Cinq pans, liſez* quatre & démi.
Page 34. *ligne derniere,* Conſuls, *liſez* Conſeil.

De l'Imprimerie de LE BRETON, Imprimeur ordinaire du ROI, 1762.